한국과 이스라엘의 교육정책 비교 연구

한국과 이스라엘의 교육정책 비교 연구

김택균 著

KSi 한국학술정보[주]

머 리 말

　세계에서 한국과 비슷한 여건을 갖고 있는 국가로는 이스라엘과 대만이 있다. 이들 세 국가는 유구한 역사를 갖고 있으면서도 1940년대 중반 새로운 국가건설의 과정을 거쳤지만 어떤 이유로든 분단된 국가의 상황을 갖고 있다. 또한 교육이 세계에서 앞선 국가들에 속해 있고 모두 아시아 지역에 위치해 있다는 공통점들이 있다. 이 중에서 경제지표가 가장 앞선 국가가 이스라엘이며, 그 다음이 대만이다. 한국이 마지막에 속해 있지만 "교육열" 부문에서는 우열을 구분하기가 어렵다. 신자유주의 경향에서 해석하면 교육경쟁력도 이스라엘과 대만이 한국보다 앞선다고 보아야 할 것이다. 그중에도 이스라엘의 교육경쟁력은 세계적으로 우위를 점하고 있다. 이는 그간의 노벨상 수상자 수만으로도 입증할 수 있다. 이런 맥락에서 일차적으로 이스라엘의 교육정책에 대하여 분석하려는 시도와 함께 한국의 교육정책에 대한 반성을 시도해 보았다.

　한국정부는 필요할 때마다 국가교육이 "백년대계"로 국가경쟁력을 유발하는 가장 중요한 요소라고 주장하면서도 정작 교육을 위한 투자와 정책은 개선되지 않고 있다고 전문가들은 평가한다. 그럼에도 국내외에서는 한국의 교육열이 상당히 높은 수준이라고 평가하고 있다. 이런 점들에 대하여 과연 이스라엘은 어떠한지? 그리고 이런 사회적 요구가 국가 교육정책에서 어떻게 구현되고 있는지? 등을 연구해 보고자 하는 것이 이 연구의 주목적이다. 아울러 이스라엘의 교육이 우수하게 실현되고 있다고 보고 되고 있으면서도 정작 이스라엘의 교육에 대한 연구서가 별로 없다는 점에서 향후 한국교육에 대한 시사점과 좌표를 제공한다는 점에 의의가 있다.

교직에 몸담고 있은 지가 어언 33년이란 세월이 지났다. 교육이 무엇인지도 잘 모르면서 오직 제자들의 대학진학에만 열을 올렸던 교사생활을 회상하면서 이제는 교직생활을 마감해야 할 때가 임박했음을 실감한다. 70년대 중반 교단에 처음 서면서 부족한 자신을 일깨우려는 이유로 교육학 공부를 시작했건만, 제자들의 진학과 생활지도에 진력하다보니 정작 자신의 공부를 계속할 시기를 놓치게 되었다.

인생 나이 40이면 불혹이라고 했건만 아내는 50대 후반의 나를 중단했던 학문의 길로 내몰고 격려해 주었다. 그 지원에 힘입어 박사과정을 거치면서 소중한 인생의 새로움을 만끽하였다. 노안을 돋보기에 의지하여 교재와 씨름하면서 컴퓨터 자판과 모니터를 응시할 때의 답답함과 힘든 작업은 경험해보지 않은 사람들은 이해하지 못할 것이다.

이 논문은 이런 배경에서 연구되어 작성한 박사학위 논문이다. 부족함에도 불구하고 용기를 북돋아 주시고 지도를 해 주신 주삼환 교수님과 천세영 교수님, 그리고 교육학과 교수님 모든 분께 진심으로 감사드린다. 또한 학문의 고된 역정에 함께 동고동락하면서 웃음과 격려를 해 준 교육행정 학우들에게도 감사하다는 마음을 전한다.

마지막으로 학문에 대한 미련이 있다면 이번 연구에서 제외된 대만의 교육정책에 대하여 연구하고 이를 바탕으로 세 국가 간 교육정책과 교육력 및 경제발전 정도를 비교해 보려고 한다.

2006년 저자

목 차

표 차례

도표 차례

Ⅰ. 서 론

이 연구는 문헌연구로 한국과 이스라엘의 교육정책을 비교분석하는 국가간 비교연구이다. 이 장에서는 이 연구를 해야 하는 필요성과 연구목적 및 연구내용을 제시하고 또한 연구목적을 충족시키기 위한 연구방법에 대하여 기술한다. 그리고 이 연구를 수행하는 데 따르는 제한점을 기술하기로 한다.

1. 연구의 필요성 및 목적

산업사회가 지식정보화 시대로 전환되면서 나타난 특징 중 하나로 급속한 사회변화를 거론할 수 있으며, 이런 사회변화에 적응하며 동시에 이를 선도할 수 있는 능력을 겸비한 인재를 국가는 요구하고 있다. 인재양성은 교육이 해야 할 역할인 동시에 국가가 주도하고 있다는 점에서 이런 시대적 변화 즉, 세계화에 부응하는 교육을 당연히 요구받고 있다고 본다. 20세기 후반부터 세계의 여러 나라들은 이런 요구를 수용하기 위한 교육개혁을 실시하고 있는데, 각 국가의 교육개혁에서 나타나고 있는 일반적 동향은 ① 교육의 양적팽창 ② 국가별 장기 종합교육계획 추진 ③ 교육의 공공성 확대 ④ 교육과정의 개정 ⑤ 교육공학의 적용 ⑥ 교직의 전문성 강화 등이다(김종철, 2001: 68). 역으로 보면 이와 같은 여러 나라의 개혁동향은 공교육에 대한 사회적 요청인 것으로 교육정책의 개선 또는 검토를 요청하는 것이라고 볼 수 있다.

한국의 교육도 사회로부터 세계의 일반적 동향에 따른 개선과 검토를 요구받고 있다. 외면적으로는 각종 제도들에 대한 재검토를 요구하고 내면적으로는 교육성과 향상을 위한 대안모색을 요청하고 있다. 이처럼 개선을 요청받고 있는 한국의 교육정책이 가지고 있는 현안 문제점을 주삼환 외(2003: 169-190), 최은수(1995), 이홍우(2004: 1-17)는 유사하게 제시하고 있다. 2004년 WEF(세계경제포럼)가 조사 발표한 국가경쟁력 순위에서 한국은 2003년에 비하여 전체적으로 하락하였고 이는 정책의 불확실성에 있다고 하였다(2004. 10. 15).

이를 참고로 할 때, 한국의 교육에서 요구 또는 제기되는 문제점들은 근본적으로 교육정책에 대한 불만과 갈등으로 볼 수 있다. 왜냐하면 교육을 슬기롭게 운영할 책무와 권한을 정부는 갖고 있으며 국가의 교육정책은 이런 내용을 담고 있어야 하기 때문이다. 허병기(1998: 760)는 미래의 한국 교육이 변화될 전망을 다음과 같이 구체적으로 제시하고 있는데 이는 한국 교육정책이 갖고 있는 현안 문제라고 볼 수 있다.

① 교육의 수월성과 책무성이 더욱 강조될 것이다.
② 교육기회의 다양화와 학교선택권에 대한 요구가 계속 증가할 것이다.
③ 학교에 대한 시민, 학부모의 관여와 요구가 증대될 것이다.
④ 평생교육의 이념이 더욱 확산되고 교육 제공의 양식이 변화할 것이다.
⑤ 정보사회의 성숙으로 교육체제 전반에 많은 변화가 일어날 것이다.
⑥ 교원의 위상과 기능(역할)에 상당한 변화가 일어날 가능성이 있다.
⑦ 사회문화의 발전에 따른 생활방식의 변화 등으로 가치의 문제가 중시될 것이다.

이상과 같이 주장하고 있는 내용을 종합해 보면 급속한 사회변화에 따라 교육정책이 추구하는 개념이 교육의 내적인 면을 강조한다고 볼 수 있다. 즉, 지식정보화 사회에서는 그간의 양적 성장을 위주로 한 교

육정책에서 질적 성장에 목표를 둔 가치중심의 교육정책으로 전환되어
야 한다는 점을 강조하는 것이다. 환언하면 양적 성장은 모두를 위한
기회균등에 초점을 둔 교육정책이며, 질적 성장은 모두를 위한 기회균
등은 물론이고 개개인을 고려한 교육정책으로 특히 수월성을 강조한다
고 본다. 이런 점에서 이 연구는 다음과 같은 교육정책 영역을 중심으
로 검토할 필요가 있다.

　첫째, 미래의 인간상을 추구하는 교육이념 및 교육목적은 시의적절
하며 이는 교육정책과 일관되게 유지되고 있는가를 검토할 필요가 있
다. 교육부 고시 1997-15호에 명시된 교육이 추구하는 인간상은 ① 전
인적 성장의 기반 위에 개성을 추구하는 사람 ② 기초능력을 토대로
창의적인 능력을 발휘하는 사람 ③ 폭넓은 교양을 바탕으로 진로를 개
척하는 사람 ④ 우리 문화에 대한 이해의 토대 위에 새로운 가치를 창
조하는 사람 ⑤ 민주시민의식을 기초로 공동체의 발전에 공헌하는 사
람으로 하고 있다. 나아가 미래사회가 요구하는 인간상은 ① 고등사고
능력을 갖춘 인간 ② 창의적 사고력을 갖춘 인간 ③ 자율적 의사결정
을 할줄 아는 인간 ④ 타인과 민주적인 의사소통 및 협동심이 있는 인
간 ⑤ 바른 가치관을 가진 인간 ⑥ 지식에 대하여 바른 이해와 적용
능력을 갖춘 인간 ⑦ 다양한 정보수집 능력과 의사결정을 위한 기본적
인 소양을 가진 인간을 요구한다고 하였다(김은진, 2000).

　그러나 20세기 중반 이후부터 시작된 국가경제 발전을 위한 한국의
교육정책 방향은 교육이 추구하는 내재적 및 외재적 목적 중에서 외재
적 목적을 중시한 정책이라고 본다. 이는 각종 사회·문화의 발달과
더불어 국가간 경쟁이 필연적으로 대두되면서 국가안위를 유지하기 위
한 정치 및 경제논리에 따른 것으로 교육목적이 경제발전을 위한 수단
으로 활용되고 있다는 것이다. 이에 대하여 이홍우(1995: 23-4)는 "외
재적 목적이 교육의 실제를 이끈다는 것은 교육을 교육이 아닌 다른
것으로 만든다는 뜻에서 이끄는 것일 뿐 교육의 실제를 이끈다고 볼

수는 없다"고 하였다. 이는 교육목적 중 어느 것이 더 중요하다고 할 수는 없지만 인간의 본질을 추구하는 내재적 목적을 적어도 등한시하는 교육정책은 바람직하지 않다는 데에 동의한 것으로 해석할 수 있다. 즉, 교육의 가치추구는 내적으로 성숙된 바탕 위에 외적으로 행복을 추구할 때에 진정한 교육의 가치가 있다고 할 수 있기 때문이다. 이런 관점에서 교육이념과 목적정책은 어떻게 진술하고 있는지에 대하여 검토할 필요가 있다.

둘째, 교육과정은 교육이념에서 추구하고 있는 인간상을 구현하기에 적합하도록 개발 및 추진되고 있는가를 알아볼 필요가 있다. 오늘날 "신자유주의"라는 용어가 교육에서 자주 등장한다. 이는 본래 프라이부르크 학파의 질서 자유주의(Ordo-Liberalismus)를 지칭하는 개념이었으나 1980년대 이후로는 경제정책을 추구하는 경향을 일컫는 데 사용되고 있다(윤선구, 1999: 108-9). 김용일(1999: 435)은 신자유주의는 보편적·철학적 신념이라기보다는 특정한 역사적 상황에 대처하기 위한 정책대안을 정당화하는 경제 이데올로기 논리로 이해된다고 하였다. West(1997: 170-3)는 영국이 신자유주의 이론에 따라 시장지향 교육정책을 적용한 교육정책의 실체는 "새로운 학교형태를 도입하고 학교간 경쟁을 강화시키는 것, 학생을 많이 모집하는 학교에 재정적 인센티브를 주는 것, 학교선택 및 학교관리와 관련하여 학부모의 권력을 증대시키는 것"이라고 지적하고 영국과 미국의 신자유주의를 비판하였다. 이는 교육목적이 경제적 논리에 치중하고 있는 교육정책에 대한 경고인 동시에 교육의 본질을 왜곡하지 말라는 주장으로 볼 수 있다.

한국도 "문민정부"에 이르러 신자유주의 이론이 교육에 접목되어 "5·31 교육개혁안"과 같은 교육정책이 표면화되었다는 평가가 일부 제기되고 있다. 그리고 "국민의 정부"도 유사한 맥락에서 자립형 사립학교, 수요자중심 교육, 단위학교 책임경영, 교원정년 단축 및 7차 교육과정의 조기도입 등을 지향하였다. 이러한 정책들의 공통점은 경제

발전을 우선하고, 개인의 자유의사를 존중한다는 신자유주의 논리를 표방한 것으로 전통 가치를 훼손할 위험이 내재되어 있다고 본다. 이런 관점에서 한국의 교육과정 정책에 대한 검토가 필요하다.

셋째, 교육자원 정책이 교육목적 달성을 위해 적정하게 지원되고 있는지 연구할 필요가 있다. 교육자원은 교육성과와 직접적으로 연계된다. 교원양성, 교육재정, 교육시설 등은 교육현장의 필수 요소이다. 교육은 경제발전을 선도하는 견인차 역할을 하지만 역으로 현실은 경제가 교육성과를 좌우하는 변인으로 작용하고 있다. OECD가 매년 발표하고 있는 국가별 교육지표를 보면 한국의 교육재정은 OECD 국가 평균보다 낮은 교육예산을 확보하고 있다. 그리고 1995년도 한국은 정부부담 교육비가 전체 교육비의 59%를 차지하고 있는 데 비하여 OECD 국가 평균은 86%를 차지하고 있다(OECD, 1998). 이처럼 국가가 교육비를 부담하고 있다는 것은 국가발전을 위해서는 교육을 최우선 투자 대상으로 하여야 한다는 것을 의미하며, 역으로 교육발전은 경제발전과 국가경쟁력을 이끄는 길이라는 점을 나타내는 것이다. 김윤태(2001: 399)는 "정부의 교육비 부담률이 낮은 것은 상대적으로 민간부담률을 가중시키고 이는 교육기회불평등과 교육의 질 저하를 조성하면서 자원 배분의 비효율과 낭비를 초래했다"고 하였다. 이런 원인들에 더하여 정책의 불확실성 등이 복합적으로 작용한 결과로 교육성과가 약화되는 각종 현상－교실붕괴, 학력저하, 부정행위 만연 등－이 나타난다고 본다. 이런 점에서 교육자원 정책에 대한 검토를 할 필요가 있다.

넷째, 교육제도 정책과 관련하여 합리적·합목적으로 조직 및 운영되고 있는가를 확인할 필요가 있다. 교육제도 정책은 교육목적 달성을 위한 수단적 성격을 가진다. 교육제도는 국가의 역사와 사회·문화 등을 배경으로 형성된다. 그리고 교육제도를 합리적으로 운용하기 위한 교육행정 조직을 필요로 한다. 이러한 조직이 중앙집권화와 지방자치제 중 어떤 제도를 택하고 있으며, 구성과 운영방법은 어떠한지를 살

필 필요가 있다. 행정은 국가의 주도하에 운영되며, 본질적으로 정치적 성격을 갖고 있지만 사회적 요청을 배제해서는 안 된다고 본다. 따라서 행정이 사회적 요청을 수용하는 공공성을 얼마나 포용하고 있는가는 중요한 사안으로 이 역시 교육성과에 영향을 준다고 본다. 이런 관점에서 정책형성 과정과 집행 등에 관계자들이 얼마나 참여하고 있는지도 중요한 변인으로 작용한다. 하나의 예로 "국민의 정부" 5년 동안 7차례의 교육부 수장이 교체되었다는 것은 정치적 영향력이 집중적으로 작용한 것으로 교육행정의 일관성과 지속성보다는 난맥상이라고 할 수 있다. 따라서 교육행정을 위한 조직과 제도 등이 합리적인가는 교육목적 달성에 영향을 준다는 점에서 검토할 필요성이 있다.

이상과 같은 관점에서 교육행정에 대한 지침 성격을 가진 교육정책에 대한 다각적인 검토가 필요하다는 취지에서 국가간 비교연구를 수행하기로 하였다. 이스라엘은 한국과 유사한 배경을 갖고 있으면서도 노벨상 수상자를 배출하는 면과 교육예산을 확보하고 있는 점 등에서 한국과는 다른 교육성과를 나타내고 있다. 따라서 이 연구의 목적은 한국과 유사한 배경을 갖고 있는 이스라엘의 교육정책과 비교하여 교육정책에서 나타나고 있는 상이점과 유사점을 추출하고, 이런 상이점과 유사점들의 원인을 찾아서 한국 교육정책의 개선에 대한 시사점을 얻는 데 있다. 이에 따른 구체적 목표는 다음과 같다.

첫째, 양국의 교육이념 및 목적정책을 비교하여 상이점과 유사점을 밝힌다.

둘째, 양국의 교육과정 정책을 비교하여 상이점과 유사점을 밝힌다.

셋째, 양국의 교육자원 정책을 비교하여 상이점과 유사점을 밝힌다.

넷째, 양국의 교육제도 운영 정책을 비교하여 상이점과 유사점을 밝힌다.

2. 연구내용 및 방법

가. 연구내용

본 연구에서 다룰 연구내용은 정태범(1999: 27)이 교육 실천논리에 따라 분류한 네 개의 교육정책 영역인 ① 교육이념 및 목적정책 ② 교육과정 정책 ③ 교육자원 정책 ④ 교육제도 운영 정책을 중심으로 아래와 같이 구분하고 비교하기로 한다.

첫째, 비교국가간 교육이념과 목적정책의 특징은 무엇이며 이러한 특징의 차이점과 공통점에 대하여 비교한다. 그리고 교육과정, 교육자원 및 교육제도 운영 정책은 교육이념과 목적정책을 어떻게 반영하고 있는지를 비교한다.

둘째, 비교국가간 교육과정 정책에서 나타나고 있는 특징은 무엇이며, 이러한 특징의 차이점과 공통점에 대하여 비교한다. 특히, 전통 대 현대 가치, 수월 대 평등교육을 어떻게 추구하고 있는지를 비교한다.

셋째, 비교국가간 교육자원정책의 특징은 무엇이며 정책적 대안은 어떠한지를 비교한다. 아울러 이러한 특징의 차이점과 공통점에 대하여 비교한다.

넷째, 비교국가간 교육정책 실현을 위한 교육제도와 행정조직의 특징은 무엇이며, 이는 교육이념 및 목적을 실현하도록 지원되고 있는지를 비교한다. 그리고 나타난 특징의 차이점과 공통점에 대하여 비교한다.

나. 연구방법

앞에서 제시한 연구목적에 따라 연구내용을 검토하기 위하여 국가간 비교를 하는 비교연구 방법을 채택하였다. 이 비교연구 방법은 둘 이상의 지역 간, 국가간의 다양한 요소를 비교를 통하여 결과를 예측하는 것으로 비교연구가 의미를 갖기 위해서는 비교대상 지역 간 또는 국가간 유사성이 어느 정도 있어야 한다. 이런 논리는 한 국가의 교육환경 배후에는 현실적인 사회적 배경과 기존의 전통적인 제 세력들이 복합적으로 작용하고 있기 때문이다. 즉, 한 국가의 교육현상은 그 나라의 사회적 현상과 전통을 간접적으로 시사하는 것이다. 따라서 비교연구의 의미를 부여받기 위해서는 앞의 배경 중 어느 정도 유사성 또는 동일성이 있어야 한다(주삼환, 1986: 103-4). 이득기(1997: 79)도 비교연구는 비교대상 간에 전부 일치하면 비교의 의미가 없고, 일부 유사한 것이 있으면 비교의 의미가 있고, 유사성이 없으면 근본적으로 언급할 가치가 없다면서 비교국가간 유사성이 일부 존재하는 국가를 선정해야 한다고 하였다. 이스라엘과 한국의 유사성에 대하여 아셀나임(월간조선, 1999: 541-551)은 다음과 같이 제시하였다.

첫째, 양국은 수난의 역사를 갖고 있다는 점에서 정신적 배경이 유사하다.

둘째, 양국은 수난의 역사에도 불구하고 비록 물질적인 문화는 파괴되었어도 정신적 문화(민족성)는 계승되었다.

셋째, 양국은 가족의 가치를 소중하게 여기는 전통문화가 저변에 존재한다.

넷째, 양국은 사회적으로 교육이 중요한 위치를 차지하고 있으며, 교육열이 높은 국가이다.

다섯째, 양국의 국민성은 끈기가 있고 급한 성격에 감정적인 점이 강하다.

이와 같이 이스라엘과 한국의 유사점을 제시하고 있지만 이를 객관적으로 입증할 자료는 없기에 외형적으로 나타난 지표들을 제시하면 다음의 〈표 1〉과 같다. 이 표에서 한국과 이스라엘은 유구한 역사를 갖고 있는 점, 짧은 건국의 역사에 비하여 급속한 경제발전을 달성한 점. 국민 1인당 GDP에서 약간 상이하지만 OECD(2002)가 발간한 "소득별 국가군" 보고서는 한국과 이스라엘을 "저 - 중위 소득국가"로 분류한 점. 자연자원이 부족하며 인적자원에 의존하고 있는 점 및 이데올로기에 의한 분단국가라는 점은 유사성을 나타내고 있다. 그리고 교육관이 전통 가치를 소중히 한다는 점과 국민들의 교육열이 높다는 점은 거의 동일성을 나타내고 있다. 그러나 종교와 교육제도 운영에서는 상이성을 나타내고 있다. 따라서 이스라엘은 비교대상 국가로 선정한 점은 비교연구의 선행조건을 충족한다고 볼 수 있다.

〈표 1〉 한국과 이스라엘의 특징 비교

구분	역사	건국시기	경제성장률	1인당 GDP (2004년 기준)	교육관	의존 자원	자연 자원	역사, 문화	지정학적 특징
이스 라엘	약 4000년	1948. 5. 14.	6.8(1990년 대 평균)	1인당 GDP: 16,300 $	전통적	인적 자원	빈약	분단국가 (종교)	외세침략 잦았음
대한 민국	약 5000년	1945. 8. 15.	2.9(2001년 평균)	1인당 GDP: 12,600 $	전통적	인적 자원	빈약	분단국가 (사상)	외세침략 잦았음

자료: 한국. 이스라엘의 통계청 및 교육부 자료에서 발췌.

3. 연구의 제한점

본 연구를 위해 선행연구를 조사하고 활용하기로 하였다. 그러나 이스라엘의 복잡한 정치와 종교문제 및 외교관계 등으로 한국에서 수행된 선행연구는 매우 미미하였으며 연구 분야도 주로 종교교육과 가정교육에 관한 것이 주를 이루고 있다. 특히, 국내에 소개된 이스라엘 교육 자료는 빈약하여 연구를 수행하는 데 어려움이 있었다. 이런 섬에서 이 연구의 제한점들은 다음과 같다.

　첫째, 비교시점은 1945년을 기점으로 하고 부족한 일부자료는 수정 또는 인접시기의 자료를 활용하였다.

　둘째, 국제적 연구기관인 UNESCO, OECD, IMD 및 World Bank 등의 발표 자료를 이용하였으며 누락된 자료는 자국의 교육관련 기관이 발표한 통계자료를 인용 비교하였다.

　셋째, 연구범위는 공교육 활동의 수준을 고려하여 취학 전 교육, 초등교육, 중등교육 정책에 국한하였다.

　넷째, 본 연구에서 사용하는 인적자원개발의 의미와 내용은 Schultz (1961)가 구분한 것 중 "학교에서의 체계적인 교육"에 국한하였다.

Ⅱ. 교육정책 분석과 비교연구

이 연구에서의 연구대상은 교육정책이며 이를 분석하기 위한 방법으로 비교연구를 채택하였다. 그리고 교육정책을 분석하기 위한 기준을 설정하고 이 기준을 적용할 비교연구 모형을 개발하기로 한다. 따라서 이 장에서는 교육정책 분석을 위한 비교연구 모형을 개발하기 위한 개괄적 이론을 탐색하고, 구체적인 비교연구 절차와 방법을 제시한다.

1. 교육정책의 영역 및 분석모형

가. 교육정책의 영역

정책의 일반적 개념은 "바람직한 사회 상태를 이룩하려는 정책목표와 이를 달성하기 위해 필요한 정책수단에 대하여 권위 있는 정부기관이 공식적으로 결정한 기본 방침"(정정길, 1991: 37) 또는 "각종 정치적·행정적 과정을 거쳐 권위 있게 결정된 공적 목표" 등으로 정의하고 있다(유훈, 1982: 92). 같은 맥락에서 백현기(1964: 30)는 "교육정책은 정치적 권력과정을 거쳐 형성된 어떤 교육계획이 실현되는 일체의 과정"이라고 하였다. 하인호(1982: 17)도 "교육정책은 국가의 교육이념을 구현하는 기본적 수단이며 교육행정의 기본"이라고 하였다. 이상의 개념을 종합해보면 "교육정책은 국가가 주체가 되어 형성된 교육계획으로 교육행정의 지침 성격을 가지고 있으며, 형성과정은 정치적 권력집단과 교육관련 단체들이 연대하여 수립한 국가의 교육 기본방침"이라고 정의할 수 있다.

  교육학을 종합학문이라고 하는 것은 정치, 사회 및 문화 등과 밀접한 관계가 있기 때문이다. 역으로 보면 정치, 사회 및 문화는 교육기능의 변인으로 작용하는 것으로 교육정책은 국가의 정치심리, 정치 이데올로기, 국민의 공통된 가치관 및 국민정신 등을 반영해야 한다는 것이다(하인호, 1982: 11-18). 그리고 교육정책을 합리적으로 운영하는 것이 교육행정이다. 따라서 교육행정은 교육제도를 운영하기 위한 제 조직과 제도를 본래의 목적달성에 이르도록 운영하는 지원활동인 것이다. 즉, 교육정책은 목적달성을 위한 방안이며, 교육제도는 정책목적에 알맞게 제도화된 조직이고, 교육행정은 제도화된 실체를 운영하는 제반 행위를 말한다고 볼 수 있다. 이렇게 볼 때에 교육정책은 다분히 철학적 배경을 요구하며, 이는 내재적 및 외재적 가치를 두루 포함하여야 한다는 것이다. 이에 비하여 교육행정은 주로 수단적 행위로 비교적 단순하다. 이와 같은 교육정책과 교육행정의 관계를 김종철(1996: 12-13)은 양자를 각각 독립적으로 보는 견해와 광의로 묶어서 보는 견해가 있다고 하였다. 전자는 앞에서 설명한 정태범, 하인호 등이 주장하는 전통적 논리로 교육정책은 교육행정의 목표와 방향을 결정해 주는 것으로 교육이념을 구체화한 것이다. 후자는 김종철(1996: 15-16)이 주장하는 것으로 "교육이념이 교육활동과 운영의 최고의 원리이며 그것을 구현하기 위한 수단이 곧 교육정책이고 이는 교육행정의 기본지침"이라는 것이다.

  이와 같은 교육정책의 영역을 정태범(1999: 27)은 교육의 실천논리에 따라 교육목적 정책, 교육과정 정책, 교육자원 정책 및 교육제도 운영 정책으로 분류하였다. 또한 교육활동의 수준과 성장단계를 고려한 취학 전, 초등, 중등교육 및 고등교육 정책으로 분류한다. 본 연구에서는 이와 같이 분류하고 있는 정태범의 교육정책 영역을 기준으로 연구하되 보통교육을 중심으로 하고 고등교육은 배제하기로 하였다.

  이와 같이 구분하고 있는 교육정책 영역을 설명하면 아래와 같다.

첫째, 교육이념 및 목적정책은 교육을 통하여 양성하고자 하는 "인간상"을 제시하는 것을 의미하며 이는 "교육법" 등에 기술하고 있다. 일반적으로 교육목적은 교육이념의 하위개념으로 종속관계에 있다. 그리고 교육목적은 교육과정 정책, 교육자원 정책 및 교육제도 운영 정책 등을 수립하고 운영하는 데 있어서 준거가 된다.

둘째, 교육과정 정책은 교육목적을 실현하기 위한 구체적인 교육내용을 제시하는 하나의 교육 프로그램이다. 따라서 교육과정 정책은 교육과정 개발, 교과서 편찬 및 교수-학습방법 등을 제시한다.

셋째, 교육자원 정책은 교육목적에 따라 개발된 교육과정 정책을 교육현장에서 직접적으로 실현하기 위한 물적 자원을 준비 또는 제공하는 것으로 교육성과와 직접적인 관계가 있다. 교원의 양성과 연수, 교육재정 확보, 교육시설 구비 등이 이에 속한다.

넷째, 교육제도 운영 정책은 교육목적을 실현하기 위하여 구체적인 교육목표를 설정하고 이 목표를 달성하기 위한 제반 조건들을 정비하고 통제하는 활동을 의미한다. 주로 교육행정을 위한 정부조직과 행정체제, 입시제도, 학교제도 등이 논의 대상이다.

나. 교육정책의 분석준거

교육정책이 목표 지향적이라면 교육행정은 결과 지향적이라고 본다. 이런 점에서 지침 성격을 갖고 있는 교육정책은 집행결과에 영향을 주기 때문에 신중한 형성과정을 거쳐야 한다. 이와 같은 형성과정에서 요구되는 일반적 사항은 의사결정이 합리적이어야 하고 또한 정치적 권력이 정당성을 발휘하여야 한다(김종철, 1996: 25-8). 역으로 보면, 교육정책을 평가한다는 것은 이와 같은 요구시항들이 적절하게 작용하였는가를 평가하는 것이라고 볼 수도 있다. 이와 같은 형성과정을 거쳐 채택된 정책은 사회적, 공공적, 조직적 활동으로써의 교육에 대한 기본지침이기에 교육정책의 집행과정과 결과를 합리적인 준거를 기준으로 분석 및 점검하는 평가를 수반하게 된다. 이런 평가활동의 구체적 내용을 김종철 외(1996: 85-87)는 다음과 같이 제시하였다.

① 교육정책 평가는 형성, 집행 및 사후 과정 등 제 과정에서 시행된다.

② 교육정책 평가는 어떤 준거에 의한 가치판단의 의미를 내포한다.

③ 교육정책 평가는 합리적 과정이며, 과학적 문제해결 방식과 반성적 사고방식을 그 본질로 한다.

④ 교육정책 평가는 본질적으로 하나의 사회적 과정이라고 할 수 있다.

⑤ 교육정책 평가는 교육정책의 전 과정을 하나의 순환과정으로 파악하려고 한다.

이와 같은 의미와 방법 등을 내포하고 있는 교육정책 평가는 단계에 따라 정책 형성과정, 정책 집행과정, 정책집행 후 과정평가로 구분된다. 그리고 평가내용의 성격에 따라 과정평가와 성과평가로 구분되는 데 실제적으로 활용되는 평가는 "성과평가"가 주류를 이루고 있다고 하였다(김종철 외, 1996: 91). 그 이유는 형성 및 집행과정은 비교적 불투명하여 외부로 잘 나타나지 않지만 성과평가는 결과로서 비교적 계량화·계수화된 지표로 산출됨으로 평가가 객관적일 수 있다는 데 근거를 두고 있다.

여기서 정리할 점은 "평가"와 "분석"에 대한 관계이다. 교육정책의 평가는 정책을 집행한 결과인 성과를 주축으로 실시된다고 하였다. 교육정책은 본질적으로 "목표, 수단 및 성과 등에 있어서 과연 바람직한가?"를 주로 거론한다. 여기서 "바람직한"의 척도는 무엇인가라는 문제가 제기되는데, 이는 곧 정책이 내재하고 있는 "가치"를 의미한다고 볼 수 있다. 즉, 교육정책 평가는 정책이 내재하고 있는 "가치"를 측정하는 것으로 볼 수 있다. 주삼환 외(2003: 172-4)도 이 가치를 "교육정책의 기본적 가치"라고 하고, 평가활동은 주로 목표와 성과 면에서 추구되는 가치를 분석하는 것이라고 하였다.

이와 같은 논리를 재해석하면 평가는 분석 및 점검 등의 실제적 활동을 총칭하는 것이며, 분석은 평가활동의 한 과정을 의미한다고 본다. 그리고 교육정책 평가는 "가치"를 논하는 활동이라는 점에서 기준이 요구되는데 이 기준을 분석준거로 보았다. 결론적으로 교육정책을 평가한다는 것은 정책이 내재하고 있는 가치를 분석하는 것이며, 분석을 하기 위한 기준을 분석준거라고 하였다.

다음으로 논의가 필요한 것은 비교분석을 위한 분석준거의 추출이다. 교육정책 목표가 추구하는 "가치"를 분석하기 위해서는 규준 또는 원리가 있어야 하는데, 이를 일반적으로 "준거"라고 한다. 정태범(1999: 116-118)은 분석준거는 교육정책의 "가치 지향성"에서 찾아야 하며 이는 균등, 효율 및 자율의 세 가지 측면에서 분석되어야 한다고 하였다. 허병기(1998: 753-4)는 교육정책이 따라야 할 원리 또는 규준은 공익성, 수월성, 자율성, 민주성 및 공정성이라고 하고 분석은 추구하는 가치가 이들 원리를 얼마나 수용하고 있는가를 평가하는 것이라고 하였다. 주삼환 외(2003: 173)도 교육정책의 성과 면에서 추구되는 일반적 준거는 형평성, 수월성, 자율성 및 공익성의 기준에 근거하여 분석해야 한다고 하고 이에 대한 개념을 다음과 같이 설명하였다.

① 형평성은 균형·공정·평등 등과 상통되는 개념으로 교육기회균등을 의미한다. 내용으로는 민족, 경제력 및 지역 등에 따른 차별이 없어야 하며 만약 차별이 있다면 역으로 차별을 주어 형평을 유도하는 것을 의미한다.

② 수월성이란 개개인의 학습 정도와 적성 등을 고려한 것으로 궁극적으로는 교육의 질적 측면을 강조하는 의미를 가진다. 수준별 학습, 학습선택권, 우수교원 확보방안, 교육재정 확보 등이 분석의 초점이다.

③ 자율성은 의사결정의 자주성 정도를 의미하는 것으로 행정의 중앙집권 또는 분권 정도와 사회 및 학부모의 참여 정도를 의미한다.

④ 공익성은 국민 모두의 이익과 복리를 얼마나 대변하느냐의 문제
로 정치적 중립을 의미한다. 즉, 교육정책이 정치와 사회 세력으
로부터 얼마나 자유로운가가 초점이 된다.

그러나 이와 같은 일반적 준거를 기준으로 교육정책 영역의 가치를
분석하는 데는 한계가 있다고 본다. 즉, 교육정책은 하나의 원리에 포
괄적인 가치 체계를 내포하고 있다고도 볼 수 있기 때문이다. 이와 같
은 맥락에서 김종철(1996: 28-30)은 교육정책의 성과평가는 다음과 같
은 세 측면에서 검토 및 분석되어야 한다고 주장하고 있다.

첫째, 교육정책이 교육성장의 극대화에 얼마나 기여했으며 또 기여
할 수 있는가? 이는 교육의 양적·질적 성장과 교육기회의 확대 및 균
등화 등에 대하여 분석한다.

둘째, 교육의 외적조건 정비 및 교육환경 개선에 얼마나 기여했는가?
이는 교육시설 및 재정의 정비 상황과 교육환경의 제 요인들을 분석한다.

셋째, 교육이 국가와 사회발전에 얼마나 기여했는가? 즉, 경제발전과
사회적 통합 등에 대해 분석한다.

이상과 같은 주장을 근거로 볼 때 교육정책 분석은 앞서 제시된 기
준이 분석의 중심이 되지만 사실상 이들은 포괄적인 내용을 담고 있기
에 세분하여 분석을 실시하는 데에는 무리가 있다고 본다. 실제로 이
연구에 적용하려고 하는 Bereday의 비교연구 모형도 연구절차의 3단계
에서 비교를 위한 기준가설을 요구하고 있는데 이는 분석을 위한 기준
을 연구자가 설정할 수 있다는 점을 시사하는 것이다. 따라서 이와 같
은 일반적 분석준거를 본 연구에 그대로 적용하는 것은 합당하지 않다
고 보았고, 나아가 연구의 참신성을 퇴색시킨다고 보고 새로운 분석준
거를 추출하기로 하였다. 이는 일반화된 원리는 보편타당성을 가지고
있기에 일반적인 비교연구의 경우에는 적용할 수 있지만 특수성이 있

는 경우에는 적용할 수 없다고 보기 때문이다.

한국과 이스라엘은 잠정적으로 추측할 때 일반적이면서도 특수한 문화를 갖고 있을 것으로 예측된다. 특수한 문화를 보유하고 있다는 것은 특수성에 해당한다고 생각하여 우선 양국의 사회적 배경과 교육현황을 비교하면서 분석준거를 추출하기로 하였다. 한국과 이스라엘은 지정학적 위치로 인하여 수난의 역사를 가지고 있고, 교육에 대한 열망이 높은 국가에 속하고 있다. 그리고 유교와 유대문화는 양국의 독특한 사회문화를 형성하고 있으며 특히, 유대교는 일반적인 종교와는 다른 사상을 갖고 있다. 이와 같은 점들을 고려할 때 잠정적으로 양국의 교육정책을 비교분석하기 위한 준거는 전통 교육관, 수월성 교육, 교육본질 및 정치 영향력 등이 될 수 있을 것으로 예측된다.

이와 같은 논리에 따라 우선 일반적 준거에 따른 교육정책의 성과분석준거와 내용 모형을 설계하고 이를 기준으로 양국의 교육현황을 비교하기로 한다. 그리고 이 연구에 적용할 최종적인 비교분석 모형은 분석준거를 추출한 후 3장에 제시하기로 한다. 일반적 분석준거에 의한 분석모형은 〈표 2〉와 같다.

〈표 2〉 교육정책의 성과분석 모형

분석준거 영역	형평성	수월성	자율성	공익성
교육 이념 및 목적 정책	교육기회균등, 전통 가치, 진술체계	국가교육과정, 영재 교육과정, 교육본질	사회 요청, 교육본질추구	의무교육기간, 종교영향, 사학이념
교육과정 정책	교육본질추구, 전통교과, 행정체제	수준별 교육과정, 사학 자율성, 선택교과, 교원양성, 종교영향	교육과정 편성권, 중도탈락, 인문: 실업	전통문화, 사학정책, 종교가치
교육자원 정책	교육재정 부담, 무상교육, 양성평등	학급 및 학교규모, 교원학력, 교원신분, 교원 대 학생비율	교원임용 주체, 공공: 민간부담, 교육 주체	참여단체, 사학재정, 교육성과
교육제도 운영 정책	사회 요청, 의무교육, 교육조직, 학제	국가교육과정, 선택교과, 입시제도, 학제	정책결정, 교직단체, 입시제도, 가정교육	정치 대 교육, 무상의무교육, 사학정책

2. 비교 연구모형

"비교"에 대하여 김옥순(1993: 37)은 "비교하는 대상들이 가지고 있는 보편적인 공통의 성질을 발견하고자 현상들을 측정하고 평가하는 것"이라고 하였다. 이와 같은 개념을 가진 "비교"와 "교육"을 조합한 비교교육의 개념을 주삼환(1986: 66)은 "여러 나라의 교육에서 유사성과 차이점을 만드는 요인들을 이해하기 위하여 사회적, 정치적, 경제적, 문화적 및 이념적 배경의 측면에서 둘 이상의 국가 교육제도와 문제의 분석을 다루는 학문"이라고 정의하였다. 이득기(1996: 1)는 Bereday가 "외국의 교육제도에 대한 분석적인 연구"라고 정의한 것과 "국가 교육제도 사이에 있어서 차이들을 나타내는 세력을 분석하고 비교하는 것"이라고 정의한 Kandel의 개념을 인용하고 있다. 또 이규환(1990: 13)은 "비교방법에 의해서 둘 이상의 국가 또는 둘 이상의 지역에서 실시되고 있는 교육제도 및 교육적 활동을 비교분석하여 유사성과 상이성을 규명하고, 이에 대해 연구자 자신의 시각에서 사회과학적으로 해석하여 교육의 본질을 해명하려는 학문"이라고 밝히고 있다. 이상의 개념을 종합하면 비교교육은 둘 이상의 국가 또는 지역의 교육제도에서 나타나고 있는 또는 특징을 추출하기 위한 분석 작업이며, 그런 결과에 대한 원인들을 알고자 하는 실제적인 연구 활동이라고 본다.

이와 같은 비교교육은 많은 학자들에 의하여 이루어졌는데 그중에서도 Bereday의 연구업적은 괄목할 만한 기여를 하였다(주삼환 외, 1986: 131). 다음의 〈도표 1〉은 이 연구에서 인용하고자 하는 Bereday의 비교연구 모형이다.

〈도표 1〉 Bereday의 비교연구 모형

	1단계: 기술	교육적 자료의 기술	국가 1	국가 2
지 역 연 구	2단계: 해석	적절한 학문 분야의 적용을 통한 교육적 자료의 설명	경제학 인류학 ↘ ↙ 교육적 자료 ↗ ↑ ↖ 정치학 사회학 역사학	경제학 인류학 ↘ ↙ 교육적 자료 ↗ ↑ ↖ 정치학 사회학 역사학
비 교 연 구	3단계: 병치	자료의 대조, 비교 기준의 설정, 가설 의 작성	1._____ 2._____ 3._____	1._____ 2._____ 3._____ 비교의 기준 가설
	4단계: 비교	가설을 검증하기 위 하여 동시 비교(문 화 또는 결합)	_____	_____

자료: 주삼환(역)(1986). 비교교육학 입문. 서울: 성원사. 129.

 Bereday의 비교연구 방법은 교육학 자체가 사회학, 역사학, 경제학 및 정치학 등과 밀접한 관계를 가지는 종합학문으로 어떤 특정의 학문에만 국한할 수 없다는 입장이다. 즉, 비교교육은 당시의 교육사·교육사회학·정치학 등과 같은 모든 분야의 학문을 포함하기 때문에 "다학문적 탐색"이라고 주삼환(1986: 123)은 설명하고 있다. 따라서 비교교육은 교육제도의 과학적인 분석에 기초하여 미래를 예측할 수 있도록 4단계 과정으로 구분하여 수행하도록 요구하고 있다. 1단계는 비교대상 국가의 교육에 대한 자료를 수집하여 기술하고, 2단계는 수집된 자료를 사회과학의 방법을 적용하여 해석한다. 3단계는 수집된 자료들을 예비적으로 대조하고 이를 분석하기 위한 가설을 설정하며, 4단계는 비교대상 국가간의 교육현상을 전체적인 맥락에서 설정된 가설에 대입하여 동시에 비교분석을 하도록 요구하고 있다. 여기서 1-2단계는 한 국가나 지역에만 국한된 지역연구의 성격을 가지며, 3-4단계는 둘 이상의 국가간 비교를 위한 연구이다. 따라서 비교연구는 지역연구와 국가간 비교연구를 동시에 포함해야 하는 것이다.

3. 연구의 절차와 방법

이 연구에서 대두되는 핵심 영역은 크게 세 가지로 연구대상과 분석준거 및 연구방법인데 이들은 각각 별개의 영역에 존재하고 있다. 이를 본 연구에서는 연구대상인 한국과 이스라엘의 교육정책을 분석하기 위해 분석준거를 새로 추출하여 연구방법으로 제시한 Bereday의 비교연구 모형에 따라 분석하는 방법을 수행하기로 하였다. 이처럼 각기 다른 세 개의 영역을 조합하기 위하여 우선적으로 분석준거를 교육정책이 추구하고 있는 "가치"를 기준으로 하여 연구대상과 분석준거를 일치하게 한다. 그리고 연구대상과 분석준거의 조합을 Bereday의 비교연구 모형에 적용하기 위한 새로운 "비교분석 모형"을 설계하기로 한다. 이와 같은 연구절차를 위해 우선 교육정책에 대한 개념을 파악하고 일반적 분석준거를 기준으로 한 모형을 제시한다. 다음으로는 Bereday의 비교연구 모형에 따라 비교분석을 위한 "준거"를 설정하는데 이는 한국과 이스라엘의 현황을 탐색한 후에 추출하도록 계획하였다. 마지막 단계에서는 일반적 분석준거 모형에 추출한 "분석준거"를 대입하여 연구에 적용할 최종적인 "교육정책 비교분석 모형"을 개발한다. 이와 같은 연구절차를 수립한 것은 각기 다른 세 영역을 논리적으로 연계 및 통합하여 본 연구에서 추구하는 목적을 달성하도록 하는데 있다. 이를 도식화하면 다음의 〈도표 2〉와 같다.

〈도표 2〉 연구의 개념적 체계

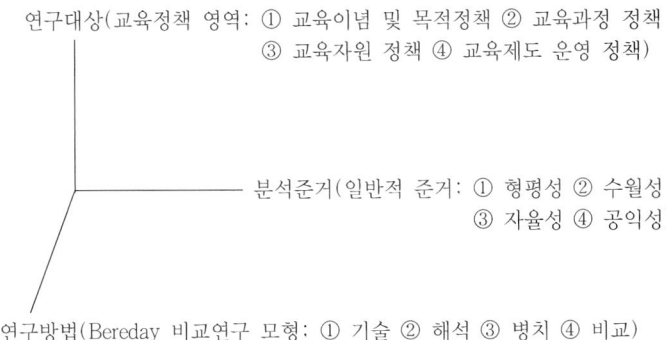

연구대상(교육정책 영역: ① 교육이념 및 목적정책 ② 교육과정 정책
③ 교육자원 정책 ④ 교육제도 운영 정책)

분석준거(일반적 준거: ① 형평성 ② 수월성
③ 자율성 ④ 공익성)

연구방법(Bereday 비교연구 모형: ① 기술 ② 해석 ③ 병치 ④ 비교)

그리고 구체적인 비교연구의 절차는 "Bereday의 비교연구 모형" 따라 다음과 같이 수행하기로 한다.

첫째, 1단계는 자료 수집 및 기술 단계로 한국과 이스라엘의 일반적 자료와 교육관련 자료를 수집한다. 자료는 원문을 수집하도록 하며 특히, 한국에서 수행된 선행 연구물과 학술지 등의 자료수집에 주력한다.

둘째, 설명 및 해석 단계인 2단계에서는 1단계에서 수집된 자료들을 선별하여 설명과 함께 3장에 기술한다. 이때 교육현상은 사회적 배경과 복합적으로 작용하여 형성된 것이라는 점 -다학문적 특성- 에 유의한다. 이스라엘은 종교적 특성에 유의하도록 하는데, 이는 Ushinsky가 주장한 "국민성" 형성에 종교가 밀접한 작용을 하였다고 보았기 때문이다 (최정웅 외, 1996: 20-21).

셋째, 3단계는 병치단계로 분석을 위한 준거를 설정하는 단계이다. 비교분석을 위한 준거는 한국과 이스라엘의 일반 및 교육 자료들을 검토하고 추출한다. 그리고 분석을 위한 준거는 잠정적으로 예측되는 사항들에 초점을 두고 검토하며, 추출한 분석준거는 3장 말미에 제시한다.

넷째, 4단계는 비교의 단계로 앞에서 추출된 분석준거를 중심으로 한국과 이스라엘의 교육정책을 동시에 비교분석한다. 분석은 교육정책의 영역과 분석준거에 따라 이원화하여 실시하고 이를 4장에 기술한다.

　다섯째, 비교연구 결과를 요약하고 종합적인 결론과 한국의 교육정책 수립을 위한 시사점을 5장에 제시한다.

Ⅲ. 비교국가의 사회적 배경 및 교육

이 장에서는 비교국가인 한국과 이스라엘의 사회적 배경과 교육에 대하여 비교하고자 하였다. 사회적 배경은 역사, 사회문화, 정치 및 종교를 중심으로 비교하고 교육은 성장단계에 따른 취학 전, 초등 및 중등교육에 국한하여 비교하기로 한다. 이는 서론에서 언급하였듯이 교육은 제반 사회현상과 복합적으로 어우러진 종합학문으로 사회문화의 영향을 직접적으로 받으며 정착되었기 때문이다.

1. 비교국가의 사회적 배경

가. 역사 및 사회문화

한국과 이스라엘은 아시아 지역의 동서양단에 대립적으로 위치하고 있는데 한국은 지정학적으로 반도에 위치하여 중국의 문화 영향과 침략을 많이 받았다. 이스라엘 역시 건국 이전부터 주변 국가들에 의한 침략과 종교적 박해로 인하여 장구한 세월을 조국이 없는 고난과 시련을 겪은 국가로 양국은 유사점을 갖고 있다. 유대인들의 유랑생활은 약 2,000년 동안 지속되었으며 이로 인하여 경제와 처세에 현명하게 대처하는 방법을 터득하게 되었다. 한국의 영토에 비하여 약 1/10에 불과한 척박한 영토로 자연자원은 부족하지만 교육을 통한 인적자원개발과 종교적 신앙심은 국권을 유지 및 발전하는 데 크게 작용하였다. 그러나 오랜 유랑생활로 인하여 민족혈통은 혼혈되고 언어도 다양해졌다. 이런 역사적 배경은 유대인들의 사회문화를 형성하는 데 깊숙이 작용하면서 이스라엘의 국가정책과 각종 제도에 직접적인 영향을 주었다.

이스라엘은 건국 초기부터 인구증가를 적극적으로 유도하여 현재도 약 2%에 달하는 인구증가율을 유지하고 있다. 이런 인구정책의 배경에는 이스라엘의 존망과 밀접한 관련이 있으며 현재도 세계에 산재한 유대인들이 이스라엘로 이주하여 정착하는 것을 국가정책으로 채택하고 있다. 이와 같은 인구변화를 비교하면 다음의 〈표 3〉과 같다. 이 표에서 한국은 1945년 광복 이후 급격한 인구 증가율을 보였다. 이와 같은 인구의 증가현상은 경제성장의 원동력이면서 동시에 장애요인으로 작용되어 1980년대까지 인구증가를 억제하면서 해외이민을 장려하는 국가정책을 추진하였다. 그러나 1990년대에 이르러 한국의 인구정책은 실패였다는 지적과 함께 인구증가 정책으로 전환되었다.

〈표 3〉 한국과 이스라엘의 인구증가 변화율

구 분	1950년대	1960년대	1970년대	1980년대	1990년대	2000년대
한 국	약 3%	약 2.5%	약 2%	약 1.0%	약 0.8%	약 0.6%
이스라엘	약 4%	약 3%	약 3%	약 3%	약 2.5%	약 2%

주: 이스라엘의 통계치는 역 이민자 수를 포함한 증가치 임.
자료: http://www.nso.kr, http://www.cbs.gov.il에서 발췌함.

전통문화와 관련해 볼 때 한국과 이스라엘은 전통을 고수하는 경향이 있으며, 이는 주로 유교와 유대교 사상에 따른 전통교육을 소중히 간직하고 있다. 이스라엘은 주변국가와 타민족들에 의한 종교적 박해와 탄압을 겪으면서 스스로 생존하는 방법인 "삶의 지혜"를 터득하고 이를 소중하게 계승하는 문화를 유지하였다. 국가가 없는 상황에서도 유대인들은 종교교육과 자녀교육을 위한 교재로 "탈무드"를 활용한 문답식 가정교육을 실시하였다. 한국도 전통적으로 가정교육을 중시하였으며 교육 지침서는 유교문화에서 활용하였던 사서삼경(四書三經), 동몽선습(童蒙先習), 소학언해(小學諺解)와 같은 유교경전들이 주로 교육 지침서로 사용되었다. 그러나 20세기 초의 국권상실은 우리의 고유한 전통문화와 가치관 등을 단절 또는 퇴색시켰으며, 나아가 광복과 더불어 도입된 서구문화는 이를 가중시켰다. 아울러 학교교육의 양적 성장과 사회구조의 변화로 가정교육을 소홀히 하게 되었다.

한국과 이스라엘은 사회가 추구하는 교육목표는 같지만 이를 지탱하는 정신적 배경은 각각 다르다. 한국은 불교와 유교의 문화 속에서 내재적 가치를 추구한 데 비하여 이스라엘은 유대교의 영향으로 외재적 가치를 추구하는 실천적 방법을 적용하였다. 나오미 마노르 주한 이스라엘 대사 부인은 국민일보(2001)와 대담에서 이스라엘의 교육목표는 "국가와 민족과 히브리어에 대한 사랑을 깨우치는 것"이라고 하였다. 그리고 이를 실현하기 위한 교재가 구약과 탈무드이며 가정에서 어머니가 교사역할을 담당하였다고 하였다. 이처럼 한국과 이스라엘은 자녀에 대한 교육열이 높다는 유사점을 갖고 있다. 그러나 양국간에 형성된 문화적 인식과 관습 등의 차이로 인하여 교육열은 내용에서 차이가 나타나고 있다. 이종각(2003: 34-35)은 한국과 이스라엘은 교육열이 높은 국가에 속한다고 하였다. 그러나 한국은 동일 민족 간 경쟁과 깊은 관련을 갖는 데 비하여 유대인들은 세계인을 상대로 한 경쟁이라는 점이 근본적 차이점이라고 하였다. 이는 작용조건의 차이에서 나타나는 것으로 역사적 경험의 차이, 종교와 전통의 차이 및 자녀관과 교육관의 차이 등에 의한 것이라고 하였다. 이와 같은 교육열에 의해 형성된 전통과 문화가 체계화하여 뿌리를 내림으로써 한국과는 다른 성장을 지속하였고, 이는 궁극적으로 교육의 제반 양상에 넓고 깊게 영향을 주었다.

한국은 민족과 언어가 단일하다. 그러나 이스라엘은 혼혈인종과 다양한 언어를 사용하고 있다. 이로 인하여 이스라엘의 사회문화는 다양

성을 가지게 되었고 이는 사회 전반에 심각한 문제점으로 부각되고 있
는데 특히, 교육에 대한 비유대인의 관심 부족은 이스라엘 교육정책에
큰 장애로 상존하고 있다. 그리고 이스라엘은 유대교와 아랍 간 성지
를 둘러싼 분쟁의 소지가 잠재하고 있으며 종교관에 따른 이질적 문화
는 다양한 생활관습을 형성하고 있다. 이런 영향은 이스라엘의 군사,
교육 및 사회제도 등에서 독특하게 나타나고 있고, 나아가 이를 고수
하려는 유대민족과 아랍민족의 대립은 계속되고 있다. 이는 한국이 정
치이념에 따른 분단에서 겪는 현실과 유사하지만 근본적인 면에서는
한국의 분단현상에서 겪는 갈등과는 다른 양상으로 그 연원은 역사와
함께 한다.

이상의 비교내용을 종합하면 한국과 이스라엘은 역사와 국민성 및
교육관에서는 유사점을 나타내고 있지만 민족문화에서는 대부분 차이
점을 나타내고 있는데, 상세한 내용은 다음 〈표 4〉와 같다.

〈표 4〉 한국과 이스라엘의 역사 및 사회문화 특성비교

구 분	한 국	이스라엘	비교특징
건국기원 및 역사	B. C. 2333년. 약 5,000년	B. C. 13C 후반. 약 4,000년	단일 국가 유지
국권상실 기간	1909-1945년의 36년	B. C. 1C-1945년. 약 2,000년	
인구밀도, 증가율	463.3명. 0.57%	299.4명. 1.9%	이스라엘-이주민 주류
인구정책	인구 억제 및 이민정책	인구증가 및 역 이주정책	이스라엘-인구증가 정책
민족 및 언어	단일민족과 언어(한글)	다민족과 다수언어 혼용	영어가 공용어
국민성	보수적	보수적	이스라엘-민족주의 경향
교육열 특성	민족 간 경쟁 경향	세계인과 경쟁 경향	한국과는 대조적임
가정교육관	소중하게 판단함	소중하게 판단함	이스라엘-보수적임
타 문화 수용성	포용함	절대적 포용 불가	종교관이 작용

나. 정치경제 및 종교

(1) 정치경제

1945년 제2차 세계대전이 종료되면서 한국과 이스라엘은 국권을 되찾게 되었다. 그러나 신생 독립국가로 출발한 이스라엘은 종교적 문제로, 한국은 정치적 문제로 인하여 전쟁을 치르면서 많은 어려움을 겪은 공통점을 가지게 되었다. 한국과 이스라엘은 정치체제는 대통령을 중심으로 하는 의회민주주의를 채택하고 있으나 이스라엘은 총리가 실질적 권한을 행사하는 내각책임제를 시행하고 있다. 양국의 교류는 1962년 수립되었으나 1978년 주한 이스라엘 대사관을 폐쇄하였다가 1992년 재개설하였다. 이스라엘은 종교문제로 하나의 국가에 유대민족과 아랍민족이 거주하면서 갈등을 겪는 정신적 분단을 갖고 있고, 한국은 이념에 의하여 남한과 북한으로 분리된 물리적 분단을 갖고 있다. 이처럼 양국은 분단이라는 장애요인 때문에 정치 및 외교 등에서 어려움을 겪고 있다.

한국은 유교를 중심으로 전통문화가 형성되었고 이는 정치체제에도 그대로 영향을 주면서 발전하였다. 따라서 외국과는 다른 관료제도와 행정체제를 형성하였다. 이와 같은 한국의 관료제가 가지는 행정문화에 대하여 박우순(1999: 84-87)은 ① 운명주의 ② 가족주의 ③ 권위주의 ④ 인간주의 ⑤ 형식주의 ⑥ 정신주의 등의 특징을 가지고 있다고 하고 이는 한국의 정치와 행정의 형태에 유교사상과 함께 부정적인 효과를 미치고 있다고 하였다. 즉, 관료제도의 행정문화는 한국의 정치적 형태와 영향력에서 긍정적이기보다는 부정적인 문화와 관습을 형성하면서 각종 정책에 역기능을 발휘한다고 본다. 즉, 가족주의는 공조직 내에서의 인간관계를 혈연, 동창 및 지역 등과 같은 동질의 연고를 우선하게 하여 공사를 구분하지 못하는 우를 범하며 또한 정신주의는 물

질적·경제적 가치를 외면하고 명예·위신·덕망 등에 집념하게 하여
경제발전을 저해하는 요소로 작용했다고 본다. 이처럼 한국의 정치권
에는 유교문화로부터 나타난 문화와 사고가 순기능보다는 역기능에 치
우친 현상들이 작용한다고 본다. 그러나 이스라엘은 유대교 사상이 국
가와 사회를 우선한다는 점과 이에 의하여 형성된 관료제도의 특성이
한국과는 상반된 순기능을 발휘한다고 본다. 이와 같이 한국과 이스라
엘의 국민성은 전통문화로 인하여 고유한 기질을 내재하고 있으며, 이
는 양국의 정치행태에서 각기 다른 역할과 작용을 한다고 본다.

한국과 이스라엘의 자연환경은 국토가 좁고 긴 모양으로 부존자원이
부족한 국가라는 유사점을 가지고 있다. 특히, 이스라엘의 영토는 대부
분 척박한 사막지대로 농업에 부적합한 기후를 가지고 있다. 건국 초
기의 주요 산업은 농업으로 특히 이스라엘의 집단농장(Kibbutzim)은
영농후계자 양성과 기술농업을 접목시킨 성공적 사례이다. 1970년대에
이르러 한국은 1-2차 산업에서 3차 산업으로 전환되면서 국가경제는
괄목할 만한 발전을 이룩하였다. 이스라엘도 과학기술 개발에 집중하
여 하이테크 산업이 주축을 이루는 산업구조를 구축하였다. 이처럼 단
기에 고도의 경제성장을 이룩한 점은 외형은 비슷하지만 이를 뒷받침
하고 있는 내면적 구조는 각기 다른데, 최근의 GDP 성장률을 비교하
면 〈표 5〉와 같다.

〈표 5〉 한국과 이스라엘의 GDP 성장률 비교

(단위: %)

구 분	1990	1992	1994	1996	1998	1999	2000	2001	2002
한 국	9.0	5.4	8.3	7.0	-6.9	9.5	8.5	3.8	7.0
이스라엘	6.2	6.7	7.0	5.0	2.4	2.3	6.0	1.0	3-4.0

자료: 1) 한국은행 경제통계시스템(http://ecos.bok.or.kr) 자료(한국은 2003년도 조사
　　　　자료).
　　　 2) 이스라엘 통계청(http://www.cbs.gov.il) 2000년도 조사 자료로 이후는 예
　　　　측치 임.

이 자료를 보면 한국은 1998년 IMF 이전에는 꾸준한 증가세를 보였으나 이후에는 성장률의 변화가 고르지 못하게 되었다. 이는 한국의 산업구조가 부가가치가 낮은 산업을 유지한 데 따른 결과이다. 반면에 이스라엘은 비교적 고른 성장률을 지속하다가 2001년 이후부터 하향세를 보이고 있다. 이는 주변 국가들과의 정치적 불안과 세계경제의 하향세 및 미국의 증권시장 동향에 따른 것이다. 한국보다 앞선 이러한 결과적 차이보다는 그 원인적 차이를 이 연구에서 고찰하여야 할 내용으로 이는 교육에 대한 국민적 관심과 국가의 교육정책인 것이다.

이와 같은 경제성장과 더불어 교육에 대한 관심도 증가하고 있는데 이에 대한 차이가 교육예산에서도 나타나고 있다. 한국은 광복 직후부터 정부재정의 빈약함에 따라 교육예산도 빈약하였으며 현재도 GDP의 약 4%에 머물고 있다. 그러나 이스라엘은 한국과 유사한 입장에 있으면서도 교육예산을 약 10% 정도를 편성하고 있다. 이런 결과를 참고할 때, 이스라엘의 정부와 국민들의 교육에 대한 관심과 교육열을 짐작할 수 있다. 결국 교육이 국가의 현재와 미래를 책임지는 확실한 정책이라는 판단을 정치권이 어떻게 수용하고 있는가의 결과인 것이다. 다음의 〈표 6〉은 양국의 경제성장 모습이다.

〈표 6〉 한국과 이스라엘 1인당 GDP 비교

(단위: US $)

구 분	1970년	1980년	1990년	2000년	2002년
한 국	249	1,598	5,886	10,841	11,493
이스라엘	6,215	8,040	9,536	16,574	15,597

주) 1) GDP는 1995년까지는 1995년 가격대비, 2000년 이후는 2000년 가격대비 수치임.
  2) 이스라엘은 NIS를 $로 환산함에 있어 2004년 환율(1$=4.4912NIS)을 적용.
자료: 이스라엘 통계청(CBS), 한국재정경제부(http://ecos.bok.or.kr) 자료 인용.

또 하나의 비교 지표는 OECD(2003)가 발표한 자료로 2000년 경상가를 기준으로 OECD 회원국 평균을 100으로 하였을 때 2002년 한국이 68, 이스라엘 80, 미국 144, 일본과 영국이 108로 조사되었다. 이처럼 이스라엘의 급속한 성장배경에는 외국에 거주하는 유대인들의 재정원조와 그리고 당시의 이주민들이 이주해 오면서 자본을 가지고 왔다는 점 등이 복합적으로 작용하였다. 이런 사실은 유대인들의 국민성과 애국심을 간접적으로 보여주는 것이다.

이런 사실들을 종합하면 한국은 건국 초기의 경제적 궁핍과 1, 2차 산업구조를 바탕으로 급속한 경제발전을 이룩하였지만 산업구조의 변동에 적응하지 못한 관계로 비교적 불안한 경제구조를 가지고 있다. 이에 비하여 이스라엘은 건국 초기부터 이주민들의 풍부한 자본력과 외국에서의 축적된 경험 및 지식을 바탕으로 비교적 안정된 경제성장을 이룩하고 있다. 그러나 양국 모두 과다한 국방비 부담과 불안한 정치외교 문제는 선진국으로의 도약에 장애로 작용하고 있다.

(2) 종 교

이스라엘의 종교는 유일신앙인 유대교로 타종교를 믿는 사람은 유대인이 될 수 없다. 그러나 어머니가 유대인이고 아버지가 비유대인이라도 그 사이에서 출생한 자녀는 유대인으로 인정하지만, 반대의 경우에는 유대인으로 인정하지 않는다. 이런 판단의 근거는 오랜 유랑생활에서 유대교의 교리에 따른 종교교육을 자연스럽게 어머니가 실천할 수 있는 데 따른 것으로 나름대로의 현명한 조치이자 논리라고 할 수 있다.

배교(背敎)라는 종교적 용어의 의미는 지금까지 믿었던 신앙을 자발적 또는 강압에 의하여 버리는 것으로 이에는 배반 행위에 대한 비난의 뜻이 포함되어 있는데, 유대교와 고대 종교의 경우 배교자는 시민권을 박탈하였고, 그리스도교나 이슬람교는 교회조직이나 공동사회로부터 추방시켰다. 그리고 일반적으로 배교는 단순히 개인적이기보다는 정치적·사회적 동기와 관련되어 문제가 발생하였다고 한다. 결국 유대교를 비롯한 서양의 종교는 이런 배교의 지침에 따라 종교적 위치와 권위를 유지하였다. 그러나 이스라엘과는 다르게 한국에는 다양한 종교가 존재하며 이들 간에는 약간의 갈등과 문제가 있지만 국민성에 의해 자연스럽게 포용되고 있다. 이처럼 유교, 불교 및 기독교 등이 함께 공존하고 있는 종교문화의 상황은 한국에서만이 볼 수 있는 독특한 현상인데 구체적인 종교분포 현황은 다음의 〈표 7〉과 같다.

<표 7> 한국의 종교인구 현황

(1999년, 단위: %)

구　분		총인구 중 종교인비율	종교별 구성비율				
			불　교	기독교	천주교	유　교	기　타
지역별	전　국	53.6	49.0	34.7	13.0	1.2	2.0
	시 이상	54.5	46.7	36.2	14.2	0.9	2.1
	읍·면 이하	50.0	59.7	27.7	7.7	2.8	2.0
성　별	남자(여)	45.9(60.8)	49.3(48.8)	34.0(35.1)	12.5(13.4)	2.1(0.6)	2.0(2.0)
연령별	15-19	46.7	32.9	48.9	15.9	0.5	1.8
	20-29	43.1	39.5	44.7	13.5	0.6	1.7
	30-39	50.9	46.6	37.1	14.0	0.4	1.8
	40-49	60.2	51.9	31.6	13.6	1.0	1.8
	50-59	61.7	56.9	26.9	11.1	2.3	2.8
	60 이상	60.7	59.0	25.5	10.5	2.6	2.4

자료: 통계청. "사회통계조사보고서" 각 년도 자료(www.nso.kr)에서 발췌.

다음의 〈표 8〉은 이스라엘의 종교별 인구를 나타내고 있는데 한국과는 달리 이스라엘은 종교가 곧 민족을 의미한다. 한국은 다양한 종교가 있지만 민족과 언어와 문화 등 모두 단일하다. 그러나 이스라엘의 종교는 다양한 민족과 언어와 문화를 의미하며 이로 인한 문화와 관습 등에서 차이를 나타내고 있다.

〈표 8〉 이스라엘의 연도별, 종교별 인구 수

(단위: 천명)

연 도	민족별, 종교별 인구				
	드루즈	기독교	모슬렘	유 대	총 계
1948	-	-	-	671.9	-
1950	14.8	35.0	113.8	1103.0	1266.8
1960	22.8	49.0	162.8	1882.6	2117.0
1970	35.2	74.5	321.2	2543.1	2974.0
1980	49.9	88.8	489.7	3249.4	3877.7
1990	81.4	109.8	666.2	3802.7	4660.2
2000	102.5	133.4	952.0	4,914.1	6,289.2

자료: http://www.cbs.gov.il

이와 같이 한국과 이스라엘은 종교적 특성에 의한 영향으로 사회문화에서 유사점과 차이점들이 나타나고 있는데 이는 교육에 대한 접근방법과 사고도 달리하게 되었다. 이와 같은 한국인과 유대인의 국민성과 문화에 대하여 박재선(2001: 215-6)은 다음과 같이 설명하고 있다.

① 유대인은 2000년이 넘는 유랑생활 속에서 본인의 의사와는 관계없이 삶을 유지하는 방식을 터득하였으며, 동시에 국제적인 감각과 적응력을 터득하였다. 그러나 한국은 국제적으로 폐쇄사회를 형성함으로써 이스라엘에 비하여 상대적으로 무기력하였다.

② 유대인은 감성보다는 이성이 발달하였음에 비하여, 한국인은 감성이 매사에 앞섬으로써 냉철한 판단력이 부족하다.

③ 유대교는 유일신 신앙 아래 교육기회균등을 실시하여 인적자원의 가치를 높이고 단결과 협동을 중시하였다. 한국은 유교사상에 따른 성차별과 신분 차이에 따른 고정관념으로 인력양성과 응집력에 소홀했으며, 국가와 집단보다는 개인을 우선하는 경향이 있다.

④ 유대교의 탈무드는 창조성·상상력과 같은 지혜의 계발을 위주로 한 질적 교육에 주력한 데 비하여 한국은 유학의 교육방법의 단

점만이 교육에 활용되면서 전통을 상실하였으며, 질적 교육보다
는 양적 교육에 치중하였다.

이와 같은 주장에 따르면 이스라엘의 국민들은 유대교 사상과 문화
가 국민성 형성에 직접적으로 영향을 주었고 신앙생활은 교육을 성공
적으로 주도하였다고 본다. 이에 비하여 한국의 유교사상은 시대변화
에 따라 본래의 가치를 상실한 점과 특히, 일본의 강점시기의 강압정
책 및 근대화 과정에서 서구의 학문을 접하면서 고유의 토착적·전통
적 교육관이 훼손된 데 있다고 보는 것이다.

이와 관련하여 조긍호(2003)는 한국의 토착교육 심리이론이 아직도
초보단계에 머물고 있는 이유를 다음과 같이 제시하면서 한국인들에 대
한 이해의 틀을 정립하기 위해서는 한국인의 삶과 밀접한 관련을 가지고
있는 유교문화와 유학사상에서 새롭게 출발하여야 한다고 주장하였다.

① 서구의 보편주의 이론들이 한국인의 두뇌를 선점하고 있기에 한
   국적인 자생적 이론과 발전을 위한 독자성 등을 유지할 수 없었
   기 때문이다.

② 기존의 학문 패러다임에 대항하는 이론의 연구와 개발을 학자들
   이 등한시하였거나 묵과하였다.

이런 주장은 결국 교육받을 대상인 학생들의 심리를 이해하는 것이
교육성과를 거양하는 것으로 교육정책도 한국적 문화이론을 바탕으로
수립되어야 성공적일 확률이 높다는 점을 암시한다고 본다.

또 하나의 주장으로 이현재(2002: 197)는 한국 교육현실의 특징은
맹자 중심의 유학 사상만이 학맥을 유지·발전한 데 따른 결과이며,
만약 순자의 유학사상을 가미하였다면 한국인들의 정신문화와 운명은
달라졌을 것이라고 하였다. 즉, 순자의 유학사상은 사회적 도덕성과 같
은 공공윤리를 강조하는 실학사상에 비중을 두었고, 공·맹의 유학사

상은 가족적 도덕성과 같은 개인적 윤리를 강조하였다고 하였다. "세계경제가 산업자본주의에서 문화자본주의로 이행되면서 문화와 지식이 상품화되는 시대"인 현대는 순자와 맹자의 유학사상을 접목시켜 건강한 현실주의와 합리주의의 기풍이 한국인의 의식구조를 형성할 수 있도록 생활 속에 침투시켜야 한다고 하였다(이현재, 2002: 214). 김태길 (2000: 18)도 유학의 기본정신은 "선비는 마땅히 국가와 사회에 대하여 적극적 관심을 가져야 하고 관직에 나가서 정치에 참여해야 한다"고 하였다. 한국유교학회의 서정기(www.confucius.or.kr)는 유교경전은 우주론·인생론·정치론·교육론·역사론으로 구분하여 심오한 내용과 이치를 내재하고 있다고 하고 그 내용을 다음과 같이 설명하였다.

① 우주론은 천지개벽의 창조론과 만물생성의 진화론을 포함하고 있으며, 이 자연의 법칙을 순리로 하면 생하고 역하면 멸한다는 논리를 주장하였다.

② 인생론은 인간은 인·의·예·지·신을 바탕으로 하는 "삶"을 유지하여야 한다는 이론으로 이는 자연의 법칙에 따른 순리라고 설명하고 있다.

③ 정치론은 공도정치(公道政治)를 추구하는데 국민이 나라의 근본이기에 정치는 국민의 문제를 근본적으로 해결하도록 하는 것이 최선이라고 하였다.

④ 교육론은 인간성을 함양하여 인격을 완성하는 것을 이념으로 한다. 교육은 태교에서 출발하여 유아, 소학, 대학교육에 이르기까지 지·덕·체의 균형 있는 교육을 실시하도록 하였다.

⑤ 역사론은 도덕적 사관으로 인류의 발전을 지향하도록 하였는데 과거의 역사는 오늘의 거울이며 동시에 미래를 개척하는 원동력이라고 역설하였다.

  이런 주장들을 종합하면 유학의 근본은 맹자의 학문적 성격과 실천적 성격의 유학사상을 모두 수렴하는 훌륭한 교육사상을 담고 있는데, 현시점에서 맹자의 주장만을 강조하고 있는 것은 유학에 대한 편견인 것이다. 따라서 미래를 대비한 인재양성은 이를 보완한 교육이념과 목적에 따른 교육정책의 수립에서 시작되어야 한다는 점을 강조하는 것이다. 결론적으로 한국의 유학사상은 그 깊이와 폭이 서양사상에 비하여 결코 뒤지지 않았음에도 이를 잘못 해석하여 편협하게 수용하고 있다는 점을 지적하고 있는 것이다.

  이상의 비교내용을 종합하면 한국과 이스라엘은 정치면에서는 대부분 유사점을 나타내고 있다. 그러나 경제와 종교에서는 일부를 제외한 대부분이 상이점을 나타내고 있는데 상세한 내용은 다음의 〈표 9〉와 같다.

〈표 9〉 한국과 이스라엘의 정치 · 경제 및 종교 특성비교

구 분	한 국	이스라엘	비교특징
정부형태	대통령 중심 의회민주주의	총리 중심 의회민주주의	민주주의 국가
분단(열)원인	정치적 이념	종교적 신앙	이데올로기
경제구조	2-3차 산업, 부가가치 낮음	하이테크 산업, 부가가치 높음	이스라엘 - 과학기술 주력
국민 1인당 GDP	12,646 $ (2004년)	16,300 $ (2004년)	중진국
GDP 중 교육예산	약 4%(2003년)	약 10%(2003년)	이스라엘 - 세계에서 높음
의존자원	인적자원	인적자원	부존자원 빈약
종교와 특성	유교 외 다수이며, 포용적임	유일신앙인 유대교 포용불가	이스라엘 - 타문화 거부
종교 목적	심신수련을 통한 자아성취	유대 국가건설과 세계 평화	이스라엘 - 사회 요청 우선
종교 근본사상	성선설에 기초함(유교)	성악설에 기초한 선민사상	이스라엘 - 종교계 비판함
종교 추구가치	개인적 · 내재적 가치	사회적 · 외재적 가치	이스라엘 - 현대 가치추구

2. 비교국가의 교육

교육의 기원은 고대로 거슬러 올라가 인류의 역사와 함께하고 있으나 현재와 같은 공교육의 역사는 근대로부터 출발하고 있다. 따라서 현재의 교육제도는 공교육 출발 단계로부터 시작하여 발전하였기에 비교시점을 정부수립 이후로 한정하였다. 그러나 이는 정부수립 이전의 발전과정을 기반으로 하고 있다는 점에서 건국 이전의 교육제도와 행정도 고찰하였다. 또 하나는 학생의 성장단계에 따라 분류하는 학교제도를 기준으로 조사하였다. 한국은 단선형 학제이지만 이스라엘은 복선형 학제를 채택하고 있다. 이처럼 한국과 이스라엘의 학제는 다르지만 한국의 단선형 학제를 기준으로 연구하기로 하였다. 이는 한국은 물론이고 이스라엘도 약 80%의 학교가 이 학제를 채택하고 있기 때문이다. 따라서 취학 전 교육, 초등교육, 중등교육으로 구분하여 조사하였다.

가. 교육제도 및 행정

한국과 이스라엘은 역사와 건국배경은 유사하지만 역사적 경험 등에 의하여 형성된 사회문화는 근본적으로 차이점을 나타내고 있다. 이스라엘의 교육제도와 행정은 역사와 사회문화의 영향을 많이 받았으며 특히 유대교의 영향은 절대적이다. 유대민족의 근본사상은 "시오니즘"으로 이는 유대교에 따른 이념이다. 반면에 한국의 교육이념은 "홍익인간"으로 유교사상에 기반을 두고 있다. 홍익인간은 "널리 인간을 이롭게 함"이라는 의미로, 이는 형이상학의 이상세계를 지향하는 것인데 비하여 이스라엘은 현실 문제인 "사회통합과 국가건설"이라는 형이하학을 목표로 하고 있다. 이스라엘의 교육이념을 설정한 배경에 대하여 E. Shmueli(1995: 462-465)는 이스라엘의 사회가 갖고 있는 문제가 원인으로 이들은 다음과 같다고 설명하였다.

① 언어소통의 문제로 세계 100여 개 국가로부터 이주해 온 다양한 문화를 경험한 이질적 언어의 조기 통합문제이다.

② 교육을 원하는 학생 수의 급격한 증가에 따른 교육시설, 교사, 교육과정 및 재정 등의 부족문제이다.

③ 종교문제는 유대인과 아랍인 간에 사회적으로 첨예하게 대립되어 있다.

④ 전통적 관습을 중시하는 기성세대와 문화의 발달 등에 의한 신세대간의 의식구조의 차이는 사회적 갈등을 야기하고 있다.

이와 같은 현실적 문제를 해결하기 위하여 이스라엘은 공교육기관을 설립하고 정부 홈페이지(http//www.mfa.gov.il)의 교육관련 서문에 "이스라엘의 교육은 하나의 귀중한 유산(Education in Israel is a precious legacy)"이라고 정부 의지를 표명하였다. 이에 따라 설정된 교육목적은 1953년 제정된 교육법에 "새 이주자를 흡수하고 교육시스템을 이주민들에게 알맞게 조정하는 것과 사회·문화적 차이를 좁히는 가교역할, 유대인과 아랍인 사이의 보다 유연한 관계를 형성하도록 노력하는 것"이라고 기술하였다(E. Shmueli, 1995: 462). 그리고 이런 목적을 달성하기 위한 교육정책을 수립하였는데, 이는 이스라엘의 현 사회적 상황의 결과로 그 원인은 외적 압력(역사=종교)과 1948년 건국 이전의 유대인 교육제도 발달사에 기인하였다고 하였다. 이와 같이 서술하고 있는 이스라엘의 사회현상들은 교육정책에서도 나타나고 있는데, 전반적인 특징은 아래와 갗다(Elad Peled, 1983: 185-6).

① 전체 학생의 85%는 유대학교에, 15%는 아랍학교에 등록함(2개 언어 학교 공존).

② 유대 학생들 중 약 50%는 교육혜택을 받지 못하고 있음(주로 동양계와 북 아프리카와 중동의 아랍국가 출신의 유대인).

③ 교육이 이스라엘 사회의 제반문제들을 해결할 수 있는 용광로이
   기에 교육은 국가의 최대 중점사항이며 책임사항이다. 따라서 교
   육에 관해서는 강력한 중앙통제와 재정지원을 한다.

④ Ideological Orientation은 건국 이전시대에 형성된 이후부터 교육
   제도에서 독특한 요소이다. 때문에 학교는 개개인의 복지향상보
   다는 사회적·국가적인 임무를 우선시하는 하나의 공공서비스
   기관이다.

⑤ 3-4세의 유아들은 무상교육을 받지만 의무는 아니다. 5-16세의
   학생들은 무상의무교육을 받으며, 17-18세의 학생들은 무상교육
   을 받는다.

⑥ 종교와 관계없이 부모들은 자녀들의 학교교육을 선택할 수 있다.

⑦ 이스라엘의 교육제도는 엘리트 대 평등주의, 다양성 대 획일성,
   분권화 대 중앙집권화, 경쟁과 성취적응지도 대 비경쟁과 사회적
   적응지도, 이데올로기 대 비이데올로기, 교육의 국가적·사회적
   목표 우위성 대 아동의 적응, 전통 대 혁신, 전통적 정통 유대교
   의 우월성 대 변형된 유대교와 보편적 현대화 경향, 아랍교육의
   독특성과 필요성 인식 대 아랍교육과정 접근의 획일성 등과 같은
   긴장과 딜레마들이 상존한다.

   이러한 특징을 나타내고 있는 이스라엘의 교육정책은 건국 이후에
형성된 교육개혁 정책에 의한 결과로 교육제도, 교육과정, 대학입학 자
격시험 제도 및 정책결정의 배경과 같은 네 분야에서 뚜렷한 모습을
보이며 발전하였는데 이를 요약하면 다음과 같다(Yaacov Iram &
Mirjam Schmida, 1998: 111-117).
   첫째, 교육개혁의 토대는 다원적 사회문화를 융화시키기 위한 "교육
기회의 평등화"라는 철학적 신념을 바탕으로 1948-57(10년)년에는 교
육기회균등과 "용광로" 역할을 교육이 해결하도록 시도하였다. 교육제

도 면에서 보면 1949년의 의무교육법 제정에 따라 5-14세까지의 9년간의 의무교육기회를 제공하여 기회균등을 이룩하도록 시도하였다. 그러나 여러 가지 요인들로 인하여 결과적으로 이런 정책은 민족 간(출신지역 이주민 간) 학력차를 초래하였는데, 특히 중등학교 이후에서의 차이를 양극화시켰다.

둘째, 1958-67(10년간)의 교육정책은 이를 개선하기 위하여 의무교육법의 범위 내에서 무상교육을 제공하도록 하여 교육기회균등화와 용광로 역할을 도모하도록 강화하였다. 따라서 그간 동양계 대 서양계, 유대계 대 비유대계, 부유층 대 빈곤층 사이에 잠재하고 있던 교육수준의 차와 갈등은 많이 개선되었다. 그럼에도 결과는 만족스럽지 못하였는데 이는 민족 간 교육에 대한 관심과 경제적 빈곤이 주된 원인으로 Bagrut에 합격한 서양계 유대인 학생들이 33%인 데 비하여 동양계 학생들은 약 6%에 불과한 차이를 나타내고 있다.

셋째, 결국 정부의 교육개혁 의도는 새로운 접근과 시도를 하였는데, 1968-77년의 10년간 이룩한 개혁은 1969년 기본 학교제도를 8+4에서 6+3+3으로 바꾸도록 하고 중학교를 의무교육으로 하였다. 그리고 부모의 의무를 강화시키기 위하여 16세 이전에 자녀를 학교에서 탈락시키지 못한다고 명시하였다. 학생들의 개인차와 가정의 경제적 조건을 고려한 학교교육 선택과 사회진출을 하도록 유도함에 고등학교로의 진학은 더 활발해졌으며 여기에는 종합고등학교의 역할이 크게 작용하였다. 따라서 교육과정은 과학기술과 직업교육을 중시하는 방향으로 발전하였고 이는 곧 정부가 의도한 교육을 통한 용광로 역할과 기회균등을 만족시키는 동시에 민족 간, 경제적 능력 간의 불만과 갈등을 완화해 주는 결과를 초래하였다.

넷째, 마지막 시기는 1978-88년으로 이 시기의 교육은 평등교육을 지향함과 동시에 엘리트 교육의 우월성이 비교적 강하게 대두된 시기이다. 정치·사회적으로 국가가 안정됨에 따라 미래를 이끌 동량을 교육시킬 필요성이 지식인과 상류사회에 의해 제기되었던 것이다. 이와 같은 의도는 결과적으로 사립중학교의 신설이 둔화되었고 일반 고등학교로의 진학이 가열되었다. 실제로 이 기간에 나타난 동양계 유대인 학생이 대학입학자격시험(Bagrut)을 통과한 비율이 60년대에 6%에서 80년대 초에는 약 15% 정도로 증가하였다.

　이와 같은 교육개혁의 바탕에는 당시의 정치, 사회, 문화 등의 여건이 변화를 주도하는 사상적 바탕을 이루며 교육행정과 정책에 직·간접으로 영향을 주었는데 특히, 유대민족을 위한 정치적 영향은 매우 심하였다. 하나의 예로 정치적 이데올로기에 따른 요청으로 1953년 국가교육법은 국립학교와 국립종교학교로 양분시켰는데, 이에 따라 중등학교의 설립은 국립종교학교들이 증가를 이룬 데 비하여 아랍종교를 위한 학교설립은 없었다. 이로 인하여 유대민족과 아랍민족 간에 교육격차는 물론이고 고등교육을 받은 유대인의 증가에 비하여 아랍인들은 거의 없었기에 이로 인한 사회적 신분과 문화혜택 등은 갈등의 주요 원인으로 표출되었다. 이런 경향은 1970년대 중반까지 지속되었음에 정부는 강력한 규제로 정당이나 정치적 이데올로기에 의한 교육정책 수립을 지양하도록 하고 국가 주도의 교육기회균등을 위한 교육정책을 펼쳐 학령아동의 약 10% 이상을 중학교에 더 진학시키는 결과를 얻었으며, 교육과정도 민족 간 형평을 유지하도록 하여 기본교육에 충실하도록 유도하였다. 이런 발전과정을 거쳐 정착된 이스라엘의 현행 학교 제도는 〈도표 3〉과 같다.

〈도표 3〉 이스라엘 교육제도

취학 전 교육	초등교육	중등교육		
유치원 및 보육학교(2-5세)	초등학교 (1-6학년)	중학교(7-9 학년) 193,000	고등학교 (10-12학년)	
				E/T*
320,000(90%)	690,000(96%)		288,000(90%)	
	의무무상교육		무상교육	

2 3 4 5 6 7 8 9 10 11 12 13 14 15 16 17 18 19 20 연령

주) E/T는 직업교육기관임.

자료: Ministry of Education, Clutre & Sport(1996). Fact & Figures. 23.

한국은 교육기본법 제2조에 "홍익인간의 이념 아래 모든 국민으로 하여금 인격을 도야하고 자주적 생활능력과 민주시민으로서 필요한 자질을 갖추게 하여 인류공영의 이상을 실현하는 데 이바지하게 함을 목적으로 한다"고 명시하였다.

한국의 교육 발전사를 보면 고구려 시대에 관학인 "태학"과 사학인 "경당"이 설립되었다. 조선 시대에는 관학과 사학이 더욱 발전하였는데, 이런 발전의 배경에 대하여 피정만(1998: 224)은 "관학은 시대에 따른 체제유지를 위해 설립·발전하였고 그 필요성을 충족시킨 후에는 관심과 발전이 쇠퇴 또는 둔화되게 되면서 이에 따른 불만 내지는 수요욕구가 사학의 설립을 촉진하게 되었다"고 하였다. 그리고 관학의 시대적 설립배경을 다음과 같이 예를 들어 설명하면서 한 시대에 관학과 사학이 병행 발전한 시대는 없었다고 하였다.

① 고구려의 태학은 봉건국가 성립과 새로운 사상인 유학의 유입이라는 사회적 배경
② 신라의 국학은 민족통일을 위한 지배와 유학사상의 보급이라는 배경
③ 고려 국자감은 중앙집권체제로 개편하는 데 필요한 인재양성배경
④ 조선의 성균관, 향교는 신왕조와 국가설립의 당위성 이론으로 척불숭유의 배경

이와 같은 주장은 한국의 교육기관은 역사적으로 정치적 영향을 많이 받고 있었음을 간접적으로 설명하고 있는 것이다. 근대에는 선교사와 사인들에 의하여 설립되기 시작한 교육기관은 정착되기도 전에 일본의 강점에 따라 편향된 교육을 실시하였다. 그리고 광복에 이어 형성된 공교육 기반은 사회적 혼란과 재정부족 등으로 어려움을 겪으면서 현재와 같은 교육제도가 정착되었다.

다음의 〈도표 4〉는 한국의 현행 학제이다.

〈도표 4〉 현행 학교제도

학령										연령
23	대학원							고등교육기관		29
22										28
21										27
20										26
19										25
18				개방대학원						24
17										23
16	대학(교)	교육대학	사범대학	개방대학	각종학교					22
15										21
14			전문대학	방송통신대학						20
13								중등교육기관		19
12	고등학교	방송통고	산업체부설고교	특별학급	고등기술학교					18
11						특수학교	각종학교			17
10										16
9	중학교		산업체부설중학교	특별학급	기술학교	고등공민학교				15
8							수학교	각종학교		14
7									초등교육기관	13
6	초등학교					공민학교				12
5										11
4										10
3										9
2										8
1										7
	유치원							취학전교육		6
										5
										4
										3

자료: 최석태(1999). 한국교육 100년사, 교육신문사, 24.

　이상을 정리하면 한국과 이스라엘의 교육이념은 유사하지만 교육목적
이 사회현실을 반영하는 점에서는 차이를 나타내고 있다. 특히, 한국이
사학의 설립목적을 유지하지 못하고 있는 점은 이스라엘과 비교하여 대
조적인 입장을 나타내고 있다. 그러나 교육을 통하여 민족사상 교육과
국가발전을 추구한다는 궁극적 목적과 설립배경은 유사하였다. 학제는
한국이 1948년부터 현재의 단선형 학제를 채택하고 있지만 이스라엘은
건국 후 1968년 사회 요청에 따라 새로운 학제를 신설하면서 복선형 학
제를 유지하게 되었다. 특별한 차이점은 이스라엘이 취학 전 1년을 의무
교육기간에 포함시키고 있는 점과 고등교육기관으로의 진학은 고등학교
를 수료함과 동시에 군복무를 마친 후에야 입학자격을 준다는 점이다.
이와 같은 학제 운영방법의 배경에는 국가방위를 위한 의무복무제도가
선결이라는 사회의 요청을 우선하는 교육목적과 유대사상이 작용하고
있다.

　학년도는 한국이 매년 3월부터 익년 2월까지이고 이스라엘은 매년 9
월부터 익년 8월까지이다. 양국의 교육행정제도는 지방자치제를 채택
하고 있으며, 교육부서 명칭은 한국이 2001년 "교육인적자원부"로 변
경하고 직급을 장관급에서 부총리로 상향하였다. 이스라엘도 "교육문
화부"에서 1990년대에 "교육문화체육부"로 변경하였는데, 이는 이스라
엘 사회의 다양한 문화적 배경을 고려해야 한다는 의지인 것이다. 이
와 같은 양국의 교육부서의 개혁은 교육의 기능을 인적자원 개발을 통
한 국력강화에 둔다는 것을 의미한다. 행정체제에서 이스라엘은 지방
자치제를 채택하고 있으면서도 교육에 관하여는 중앙집권제를 하고 있
다. Elad Peled(1983: 188)는 "이스라엘인으로 교육시키는 것은 국가
의 의무인 것으로 국가는 법률과 기본적인 삶의 방식을 통해 교육시켜
야 한다"고 하였다. 이는 국가의 교육의무를 설명하는 것과 동시에 국
가의 권한을 밝히는 것으로 이스라엘은 다양한 문화와 민족을 융화하
기 위해서 국가의 통제가 필요하였음을 알 수 있게 한다. 또 하나는

건국 이전부터 형성된 다양한 교육기관들을 통합하기 위한 통제기능을 국가가 발휘해야 한다는 현실적 요구도 작용하였다고 본다. 따라서 교육과정 개발 및 교과서 편찬, 교육정책 수립, 교육기관에 대한 감독권, 유치원과 초등학교 교사의 임용, 예산편성 등에 중앙정부는 강력한 권한과 의무를 가지고 있다(T. Neville Postlethwaite, 1995: 461). 그러나 한국은 다양한 문화와 이질적 민족에 의한 장애요인이 없었음에도 중앙집권에 의한 통제를 하였다. 이것은 유교문화에 따른 관료제도의 권위주의적 행정문화의 한 행태라고 볼 수 있다.

양 국가의 교육정책을 보면 한국은 교육의 양적 성장에 주력하였으며, 이스라엘은 사회문화와 직결된 양적·질적 문제점들을 해결하기 위한 교육정책에 주력한다고 본다. 즉, 종교와 문화 등에 따른 교육의 양적격차와 출신 지역별 문화에 의한 질적 차이를 해소하기 위한 교육정책 수립과 행정에 초점을 두고 있는 것이다. 따라서 이스라엘의 교육문화체육부에는 문화와 종교문제를 다루는 부서가 조직되어 있다. 그리고 교육행정 조직은 전국을 8개의 지역 교육청을 지구단위로 나누어 지방자치제를 원칙으로 실시하고 있는데, 교육정책의 수립배경에는 다음과 같은 사고를 배경으로 하고 있다.

① 교육재정 확보를 위해 자선단체와 외국의 유대민족으로부터 모금한다.
② 문화적 배경이 다양한 이주민들의 욕구충족과 사회적 통합을 위한 단기강좌, 다원적 교육과정, 실업자를 위한 직업교육 등의 프로그램을 제공한다.
③ 교사충원을 위해 이주민 중 교원과 지식인을 단기 연수프로그램에 참여시킨다.
④ 수준별 교육 특히, 영재교육을 수직단계에서도 연계 교육한다.
⑤ 교육은 가장 소중한 문화유산이다. 교육예산은 국방 다음으로 우선 배정한다.

⑥ 가정과 사회의 교육역할을 강화한다. 국가의 존망과 발전은 미래
의 아동들에게 달려 있으며, 그 영향은 가정교육이 가장 크게 작
용하기 때문이다.

이처럼 이스라엘의 교육정책은 현실적인 문제들을 해결하도록 반영
하고 있다. 이와 같이 한국과 이스라엘은 사회적 배경과 문화 등의 차
이로 인하여 형성된 교육정책이 그 내용을 달리하고 있으며, 이에 따
라 나타난 교육성과는 다음의 〈표 10〉과 같다.

〈표 10〉 한국과 이스라엘의 연령별 학령학생 중 등록률 현황

(1999; %)

구 분	의무교육 종료연령	인구 90% 이상 취학한 기간	인구 90% 이상 취학하고 있는 연령층	3-4세	5-14세	15-19세	20-29세	30-39세	40세 이상
이스라엘	16	12	5-16	98.6	97.1	61.4	19.5	4..3	0.9
한 국	14	12	6-17	16.2	91.8	81.2	21.9	1.2	0.3
OECD 평균	16	12	-	60.0	97.7	76.9	20.7	4.8	1.1

자료 1) www.cbs.gov.il(1999). Kids in Israel.
2) 교육인적자원부(2002). OECD 교육지표. 한국교육개발원.

교육재정은 2003년 한국이 GDP의 약 4%를 차지하고 있는 데 비하
여 이스라엘은 약 10%를 차지하고 있다. 이를 OECD 국가들과 비교하
면 한국은 낮은 비율의 국가에 속하고 이스라엘은 높은 국가에 속한
다. 양국의 단계별 교육예산 배정은 〈표 11〉과 같이 편성되어 있다. 이
표가 시사하는 점은 공교육비의 단계별 비용에서 이스라엘의 취학 전
교육비가 한국에 비하여 높게 배분되고 있는데 이를 동양과 서양으로
구분하면 서양이 전반적으로 높다. 이를 본 연구의 방향과 관련하여
보면 교육에 대한 국가의 관심과 문화적 차에 따른 결과로 본다.

〈표 11〉 한국과 이스라엘의 단계별 교육예산배정비율 비교

(1995년, 단위: %)

구 분	취학 전 교육	초등교육	중등교육	기 타
한 국	0.9	44.5	36.6	18.0
이스라엘	8.2	34.1	31.2	26.5

자료: UNESCO(1999). Statistical Yearbook. Paris; 523-4.

또 하나의 비교지표로 학생당 교육비를 보면 중등교육에서는 비슷한 수준으로 나타나 있지만 유아교육비에서는 이스라엘에 비하여 한국이 현저히 낮다. 이는 국가의 교육정책에 따른 결과로 나타난 것이며, 이를 OECD 국가 평균과 비교하면 그 차이는 더욱 명료해진다. 다음의 〈표 12〉는 단계별 교육기관에 대한 교육비 현황이다.

〈표 12〉 한국과 이스라엘의 단계별 학생 1인당 교육비 비교

(2000년, 단위: U. S. $)

국 가	유아교육(3세 이상)	초등교육	중등교육
OECD 국가 평균	4,477(100.0)	4,470(100.0)	5,501(123.1)
한 국	1,949(61.8)	3,155(100.0)	4,069(129.0)
이스라엘	3,369(77.4)	4,351(100.0)	5,518(126.8)

주: 1) 단위는 2000년 미국 달러를 PPP로 환산함.
　　2) ( )의 수치는 초등교육비를 100으로 한 각각의 백분비로 공·사립을 합한 금액임.
자료: OECD(2003), Education at a Glance. Paris, table B1-1.

교육예산의 지출내용은 다른 나라와 마찬가지로 경상비가 대부분을 차지하고 있지만 이스라엘에 비하여 한국의 자본비가 높게 나타나고 있다. 이는 한국의 교육시설과 교육환경이 아직도 좋지 않다는 것을 의미한다. 주목되는 점은 한국이 이스라엘에 비하여 학급당 교원 수가 적은데도 교직원 임금이 차지하는 비율이 약 4% 정도 높다는 사실이다. 이와 같이 지원되고 있는 교육예산의 구체적인 편성내용은 〈표 13〉과 같다.

〈표 13〉 한국과 이스라엘 및 OECD 국가의 교육예산 지출유형 비교

(2002, 단위: %)

구 분	총교육비 구성		경상 지출비 구성			
	경상비	자본비	교사임금	기타 교직원 임금	전체 교직원 임금	기타 경상지출
한 국	83	17	72	9	81	19
이스라엘	88	12	-	-	77	23
OECD평균	92	8	67	13	80	20

자료: 교육인적자원부(2002). OECD 교육지표. 서울: 한국교육개발원. 표 B6-1.

이스라엘의 교육예산 확보비율은 유대민족의 교육에 대한 관심을 나타내는 하나의 지표이다. 한국과 이스라엘의 교육재정과 관련하여 관심을 보여주는 부분은 공공 및 민간재원의 상대적 비율이다. OECD 교육지표(2003: 표 B3. 1)에 따르면 전체 교육기관에 대한 민간재원이 차지하는 비율이 한국이 40.8%로 OECD 국가 평균 11.6%의 약 4배에 달하고 있고, 이스라엘의 20%에 비하면 약 2배에 이르고 있다. 일반적으로 선진국가일수록 민간재원 부담률이 낮은 경향을 보이는 데 비하여 한국의 민간재원 부담률(학부모 부담 교육비)은 매우 높다. 이와 같은 현상은 양국의 교육정책에 의한 것이지만, 그 이면에는 유교와 유대교에 따른 교육사상이 작용하고 있다.

교육자원에서 교원의 임용권은 이스라엘이 초등학교까지는 중앙정부가 임명권을 행사하며 교원신분은 국가공무원 자격을 가진다. 그러나 중등학교부터는 지자체가 임명하며 지방공무원 신분을 갖는다. 특별한 차이점은 교원의 신분으로 한국은 전임제(종신제)의 신분을 부여받고 있는 데 비하여 이스라엘은 전임제와 시간제를 병용하고 있는 점이다. 이스라엘의 시간제 교원비율은 1999년 초·중등학교에서 평균 47.5%를 나타내고 있다. 이와 같은 시간제 교원비율은 이스라엘 산업에서 차지하는 시간제 고용비율 26.7%보다 높은데, 교원의 시간제 비율에 대한 구체적 내용은 〈표 14〉와 같다.

〈표 14〉 경제고용인구와 교원 중 시간제 고용 비율

(단위: %)

구 분	국가 경제고용 인구비율		교원 고용인구 비율	
	총 고용인구 수	시간제 고용 비율	총 고용인구 중 비율	시간제 고용 비율
1980-82년	1,278,000	24.9	11.7	45.2
1989-91년	1,512,000	28.3	12.4	48.5
1998-99년	2,105,000	26.7	12.6	47.5

자료: www.cms.education.gov.il D-79.

이에 비하여 한국의 교원은 전임제로 종신제 신분을 갖고 있다. 이
와 같은 차이점을 교원의 입장에서 비교하면 신분이 안정적이라는 점
에서 사명감이 높을 것이라는 점에서 교육성과가 향상될 것으로 본다.
그러나 학생의 입장에서 보면 전임제보다는 시간제가 장점을 있다고
본다. 즉, 학생들의 다양한 선택을 수용하기 위해서는 시간제가 훨씬
수월하게 교사공급을 가능케 하고 이는 교육의 질과 수월성 교육 등에
영향을 준다. 이런 점에서 양국의 교원정책은 상당한 차이점을 나타내
고 있다. 〈표 15〉는 이스라엘의 학급당 전임제 교원 현황이다.

〈표 15〉 이스라엘의 학급당 전임제 교원 변화현황

(단위: 명)

구 분		1970	1980	1990	2000	2003
초 등	유대	1.4	1.7	1.7	1.9	1.9
	아랍	-	1.2	1.2	1.5	1.5
중학교	유대	2.2	2.4	2.1	2.2	2.3
	아랍	-	1.9	1.8	2.1	2.1
고 교	유대	1.8	2.4	2.4	2.4	2.5
	아랍	-	1.5	2.0	2.4	2.4

자료: www.cbs.gov.il/indicators table 8-27.

　이상과 같이 한국과 이스라엘의 교육정책에 나타난 일반적 특징을
비교하면 교육이념과 공교육기관의 설립배경 및 행정체제는 유사하였
다. 그러나 이를 운용하는 방법과 접근하는 시각은 차이를 나타내고
있는데, 종합적인 비교특징은 〈표 16〉와 같다.

〈표 16〉 한국과 이스라엘의 교육제도 및 행정 비교

구 분	한 국	이스라엘	비교특징
근본사상	유교의 홍익인간	유대교의 시오니즘	역사성에 기인
교육부서 명칭	교육인적자원부	교육문화체육부	인적자원개발 추구
공교육 설립배경	종교 및 민간인	시오니즘 신봉 민간단체	비교적 유사함
공교육 목적	자아실현	유대문화 계승, 국가 건설	이스라엘 – 현실에 기초함
학교제도	단선형	복선형	이스라엘 – 사회 요청에 의함
학년 개시	3월-익년 2월까지	9월-익년 8월까지	이스라엘 – 서구식
의무교육 연한	9년	11년(취학 전 1년 포함)	이스라엘 – 60년대까지 9년
무상교육	9년	13년(취학 전 1년 포함)	한국 – 2003년 이전 6년
문제점	재정 및 시설부족	이질적 사회·문화	한국 – 교육재정 부족
행정제도	지방자치제도	지방자치제도	이스라엘 – 초등은 중앙집권
교육예산('03년)	GDP의 약 4%	GDP의 약 10%	이스라엘 – 세계적으로 높음
교육비 부담	학부모 부담	국가부담	종교교육관이 작용함

나. 취학 전 교육

　현재와 같은 이스라엘의 취학 전 교육은 1890년대 유럽에서 이주해
온 지식인들에 의하여 시작되었으며, 교육목적은 "유대인에게 필요한
기본교육과 지적·창의적 능력 고양 및 사회활동 증진 등을 실천할 수
있는 유대인 육성"에 두었다. 그리고 1949년 제정된 "의무교육법"은 5
세의 유아들에게 무상의무교육을 실시하였으며 이후 1984년에는 3세
이상의 유아들에게까지 확대하여 실시하였다. 동시에 사회문화적으로
낙후된 불우한 지역의 3-4세의 유아들에게 무상교육을 실시하는

"Head Start" 정책을 동반하였다. 이와 같이 20세기 초부터 체계적인 발전을 이룩한 이스라엘에 비하여 한국의 유아교육은 설립 시기는 비슷하지만 발전은 늦게 이루어졌다. 즉, 한국은 1922년 "조선교육령"에 의하여 보육과 탁아를 목적으로 한 유아교육이 출범하였지만 학제에 포함되지 않았으며, 초등교육 확충이 우선으로 요청됨에 따라 완만한 성장을 하다가 1980년대 이르러 괄목할 만한 양적 성장을 이루었으나 전반적으로 이스라엘에 비하여 아직도 빈약함을 면치 못하고 있다. 유아교육의 개념도 한국은 보육과 탁아의 개념으로 출발하여 최근에서야 교육의 개념으로 전환하기 시작하였는데 이스라엘은 처음부터 교육의 개념에서 출발하였다. 유아교육을 다루는 행정체제는 한국은 "중복평형 체제"로 교육인적자원부는 3-5세의 유아를 교육하고 있으며, 여성부가 0-5세 유아를 보육하고 있다. 이스라엘은 교육부가 단독으로 주관하는 "통합일원화 체제"로 교육문화부가 2-5세 유아를 교육하고 있다(교육인적자원부 a, 2003: 9).

이런 체제하에서 발전한 한국의 유치원은 1945년 광복 당시 전국에 144개의 유치원에 9,269명의 원아가 등록되었으며 주로 북한 지역에 위치하였다. 유아교육은 주로 사인과 종교단체에 의하여 설립·운영되기 시작하여 1980년대에 이르러 국가 주도의 조기교육이 실시되면서 2003년 공립 비율이 51.7%를 점유하게 되었다. 이와는 대조적으로 이스라엘은 대부분 국립이며 2002년 사립은 3.7%에 불과하였다. 사립 유치원 운영에서 한국은 유지관리를 사적 부담금에 의지하는 데 비하여, 이스라엘은 민간인과 여성단체 및 각종 사회단체가 직접 운영하지만 교육비는 국가가 부담하는 것을 원칙으로 하고 있다. 상세한 교육재정 구성내용은 〈표 17〉과 같다.

〈표 17〉 한국과 이스라엘의 유아교육 재정 부담 구성비 비교 (1999년)

구 분	교육재정 부담 비율(%)		유아 1인당 교육비 (PPP 환율 US $)	GDP 대비 유아 교육비 %
	공적 부담	사적 부담		
한 국	25.9	74.1	1,949	0.1
이스라엘	74.7	25.3	3,389	0.8
OECD 국가 평균	82.7	17.3	4,477	0.4

주) 유아교육기관은 3세 이상을 대상으로 한 통계임.
자료: OECD(2003). Education at a Glance. Paris. OECD.

유아교육 등록률을 보면 2002년 한국은 4-5세 적령 아동 수의 41.9% 가 등록한 데 비하여 이스라엘은 약 95%에 달하는 등록률을 보이고 있다. 그러나 이스라엘은 등록률에서 민족 간 격차가 나타나고 있는 문제점이 있다. 유아교육기관의 분포는 이스라엘이 지역별로 고르게 분포되었는 데 비하여 한국은 사립이 대도시에 편중되었으며, 전체 유치원 분포도 도시에 편중되어 있다. 다음의 〈표 18〉은 한국의 취학 전 교육 발전 현황으로 이스라엘의 유아교육과 대비된다.

〈표 18〉 한국의 유아교육 발전 현황

구 분	1945	1965	1970	1980	1990	2000	2002
유치원 수(A)	144	423	484	901	8,354	8,494	8,343
원아 수(B)	9,269	21,856	22,271	64,433	414,532	545,263	550,256
B/A(명)	64.36	51.67	46.01	71.51	49.62	64.19	65.95
교원 수(C)	373	1,402	1,660	3,339	18,511	28,012	29,673
C/A(명)	2.59	3.31	3.43	3.71	2.22	3.30	3.56
B/C(명)	24.85	15.59	13.42	19.30	22.39	19.47	18.54

주) 1945년 수치는 남북한 총 수치로 남한은 39개의 유치원이 있었음.
자료: 교육인적자원부(2002). 교육통계. 한국교육개발원.

이스라엘의 유아교육과정 정책은 "최초의 형식적 교육은 이후의 교육에 절대적 영향을 초래 한다"는 사실을 명심하고 태도 및 습관형성에 주력하기 위하여 다음과 같은 일반적 교육활동 영역을 조장하도록 교육과정에 제시하고 있다.

① 인지기술 장려, 다양한 교수매체 활용과 특정 교육과정에 기초한 다양한 분야의 지식 경험하기.

② 삶과 사교기술, 그리고 사회 및 국가의 가치를 교육하고 대인관계를 장려하기.

③ 자립정신, 타인을 존경하고 관용을 베풀 줄 아는 능력과 유사점과 차이점을 인정하기.

④ 언어 표상능력을 장려하고 통신기술과 수단에 익숙하기, 감수성과 예술에 대한 인식 및 다양한 예술적 표현방법 주입하기.

⑤ 유아들에게 평생학습자가 되게 하기.

이러한 교육목표를 충족하기 위하여 이스라엘 교육문화체육부는 3-6세 유아를 위한 교육계획과 2-3세 유아를 위한 교육계획, 그리고 특수 유아를 위한 교육계획의 세 가지 프로그램을 2000년 제정하였다. 따라서 교사는 교과목과 교수방법 등을 교육대상에 따라 세 가지 중에서 자유롭게 선택할 수 있지만, 교육기회균등의 원칙에 따라 교육문화체육부가 필수교과목을 예시하고 이를 이수하도록 하고 있다. 이런 정책에 따라 실시된 유아교육은 국가 교육정책에서 추구하고 있는 "용광로" 정책의 일차적 역할을 수행하고 있다고 자체 판단을 하고 있다. 이와 같이 이스라엘은 조기교육을 강조하고 있는데 내적원인은 종교교육의 필요성에 따른 것이다. 그리고 외적원인은 건국을 전후하여 대량의 유대인 이주에 따른 가정교육의 부재 또는 결핍에 기인한다. 따라서 교육문화체육부는 "치료가 빠를수록 이주자들의 사회문화 및 경제적 격차는 그만큼 더 빨리 좁혀질 것"이라는 교육의지는 교육관계자와

정책입안자들에게 힘을 실어주면서 조기교육의 정착에 크게 기여하였
다. Yaacov Iram & Mirjam Schmida(1998: 15)는 1945년 초등학교에
취학한 학생들 중 80% 이상이 유치원에서 교육을 1년 이상 받았고 이
는 결과적으로 유치원을 통한 조기교육이 초등학교에서의 교육목표 달
성에 효과적으로 작용하였다고 하였다. 이스라엘의 교육과정은 다음의
〈표 19〉와 같은데 교육활동은 주로 공작과 유희, 말하기, 노래 부르기
등이다. 그리고 교육활동 속에 이스라엘의 토착적인 요소들을 의도적
으로 교육한다. 또한 동식물 보호와 역사와 문화를 교육하기 위한 체
험학습을 강조하며, 교육내용은 낮은 연령에서는 주로 자유로운 유희
활동을, 높은 연령에서는 사회적 활동과 관련된 교육을 실시한다.

〈표 19〉 이스라엘 유치원 교육과정

교육 중점요소	연령별 1일 교육활동시간(단위: 분)		
	2	-	6
기술과 습관의 습득과 강화(개인위생, 옷 관리, 식사예절)	90	-	45
자유놀이	90	-	60
도구를 통한 표현활동	45	-	60
계획된 사회활동	30	-	60
유연한 놀이 활동 장려(운동기구와 지도를 통한 자유운동)	45	-	45
계획된 학습활동	30	-	60
총계	330(5.5시간)	-	330(5.5시간)

자료: Dalia Sprinzak, et al.(1996). The Development of Education; National Report of
Israel. Jerusalem; The Ministry of Education Culture & Sport. 70.

한국은 "교육기본법 제9조 2항"을 기초로 하여 "전인적 성장을 위한
기초교육으로서, 유아의 일상생활에 필요한 기본능력과 태도를 기르는
데 중점을 둔다"고 유아교육 목적을 설정하였다. 또한 목적달성을 위

해 "유치원 교육과정령"은 다음과 같은 교육목표를 설정하고 있다. 그리고 이와 같은 교육목료로 보아 한국과 이스라엘의 유아교육은 유사한 목표와 교육내용을 담고 있다.

① 몸과 마음이 건강하게 자랄 수 있는 경험을 가진다.

② 기본생활 습관을 기르고, 다른 사람과 더불어 생활하는 태도를 기른다.

③ 생각과 느낌을 창의적으로 표현하는 경험을 가진다.

④ 바르게 언어를 사용하는 경험을 가진다.

⑤ 일상생활의 문제에 대하여 스스로 궁리하는 태도를 가진다.

한국은 연간 180일 이상의 수업일수를 확보하도록 하고 반일제는 3-5시간 이내, 시간 연장제의 경우 5시간 이상 운영하며, 종일제는 오후 6시까지로 일과를 운영하고 있다. 이스라엘은 "일반문화 – 사회 – 시민의 기본"을 성문화하는 교육내용으로 "국가, 국가제도와 상징, 이스라엘 유산, 문화유산과 전통, 민속학과 민속음악"과 같은 전통문화를 교육과정에 포함하는 데 비하여 한국은 전통문화를 교육하기 위한 교과가 미약하다.

이스라엘은 유치원에 "학부모 위원회"를 구성하도록 되어 있으며 회의는 매월 실시하는데 출석률은 95% 이상을 보이고 있다. 안건은 학교 측에서 학교의 교육과정 운영과 학사일정 등을 설명하고, 학부모들은 이를 검토하고 의견을 제시하기도 한다. 학교는 학부모위원회의 의견을 반영하여 학교경영 정책을 결정하고 있다. 학부모들과 교사의 관계는 매우 자연스러우며 자녀의 교육과 관련한 다양한 정보교류를 실시한다. 또한 학부모들은 1일 교사로 자원봉사도 하는데 이는 다양한 학부모들의 경험과 능력을 자연스럽게 교육활동에 접목시키려는 의도인 것이다. 이스라엘은 다양한 사회문화로 인하여 국가정책 수행에 장애요인으로 작용하고 있다는 점이 한국에 비하여 불리하다. 특히, 등록

률에서 나타나고 있는 민족 간 격차는 건국 초기부터 심각한 양상을
보였다. 구체적인 내용은 다음의 〈표 20〉과 같다.

〈표 20〉 이스라엘 유치원 등록 학생 수 현황

(단위: 명)

구분 \ 연도	총인구 수		민족별 총인구 대비 원생 등록률	
	유대인	비유대인	유대인	비유대인
1975	2,959,400	533,700	4.6	3.0
1990	3,946,700	875,000	7.0	2.5
1995	4,522,300	1,024,000	6.4	2.5

자료: http://www.cbs.gov.il

　이상과 같은 비교내용들을 종합하면 다음의 표와 같은데 전체적으로
볼 때 한국과 이스라엘의 취학 전 교육제도는 외형적인 면에서는 유사
하지만 교육과정 내용과 운영방법 및 교육재정 확보 등과 같은 내면적
조건들은 대부분 상이한 것으로 나타났다.

〈표 21〉 한국과 이스라엘의 취학 전 교육 특성비교

구 분	한 국	이스라엘	비교특성
교육행정체제	중복평형체제	통합일원화 체제	
교육대상 연령	3-5세	2-5세	이스라엘-의무교육에 준함
교육목적	전인적 성장을 위한 준비	유대인 육성을 위한 기초교육	이스라엘-전통교육 강조
수월성 교육	실시되지 못함	실시함	이스라엘-영재교육 실시
공교육 체제	2004년 공교육에 포함	1949년부터 공교육에 포함	이스라엘-건국 이전에 정착
교육내용, 성격	보육과 탁아성격이 강함	교육의 의미가 강함	이스라엘-국가 정체성 교육
교육비 부담	학부모 부담	무상의무교육	종교사상에 의한 결과
설립별 유형	사립이 약 50%	국립이 약 96%를 차지함	이스라엘-국가의무
학부모 참여	존재하지 않음	공식기구로 존재함	이스라엘-정례화되어 있음

다. 초등교육

이스라엘의 초등교육은 건국 이전부터 지식인층과 자선단체가 설립하여 운영하다가 건국 후 국가가 이를 인수하여 의무교육을 실시하도록 "의무교육법"을 제정하였다. 그리고 초등교육기관에 대한 유지는 국가와 지방자치단체가 연대책임을 지지만 학생과 학부모는 자유의사에 따라 학군 내에서 학교를 선택할 수 있다. 이는 민족과 종교에 따른 갈등을 해소하기 위한 배려이다.

한국과 이스라엘의 초등학교 학제는 크게 두 측면에서 다르게 운영된다.

첫째는 교육기간이 다르다는 점이다. 이스라엘은 8년제와 6년제를 병행하는 복선형 학제이다. 8년제는 전통적 학제로 현재도 전체 초등학교의 약 20% 정도를 점유하고 있다. 이에 비하여 한국은 단선형으로 6년제만을 유지하고 있다.

둘째는 학교유형이 한국에 비하여 이스라엘은 다양한 유형의 초등학교가 존재한다. 즉, 설립별 외에 민족별과 종교별 학교가 존재한다. 이와 같은 학교유형은 한국과는 근본적으로 다른 사회문화의 다양성에 따른 것이며, 이로 인하여 이스라엘의 초등교육 정책은 한국과는 대부분 다른 양상을 나타내고 있다. 이와 같은 상이성을 나타내는 원인은 한국과는 다르게 다양한 민족과 종교가 존재하기 때문이며 이로 인하여 각기 다른 교육목적, 교육방법, 교육과정 및 교육행정을 하게 되었다. 따라서 이스라엘은 중앙정부가 다양성 속에서 획일성을 유지하기 위하여 중앙집권제를 행사하고 있다. 즉, 다양한 문화에 따라 운영되는 다양한 학교를 지도하기 위하여 통일된 교육정책이 필요하다고 보고 중앙집권을 행사하는 것이다. 그러나 1953년 제정된 "국가 교육법"은 75% 이상의 학부모의 요청이 있을 시에는 25% 범위 안에서 교육과정을 추가 또는 개정할 수 있도록 정책의 유연성을 허용하고 있다. 단,

추가되는 교육과정에 대한 재원은 학부모와 지방자치단체가 부담을 한다는 조건이 있다. 이처럼 이스라엘의 교육정책은 "의무교육법"에 따라 교육기회균등을 추구하면서 "국가교육법"은 교육받을 권리에서 학교선택권을 보장하도록 수월성을 발휘하는 교육행정을 하고 있다. 이는 의도적으로 공교육을 통한 통합과 국가발전을 위하여 학제와 교육과정을 합리화시키려는 정책인 것이다.

초등교육 목적은 이스라엘이 1953년 제정된 "국가교육법" 제2항에 "새 이주자를 흡수하고 교육시스템을 이주민들에게 알맞게 조정하는 것과 사회·문화적 차이를 좁히는 가교역할, 유대인과 아랍인 사이의 보다 유연한 관계를 형성하도록 노력하는 것"이라고 명시하고 있다(E. Shmueli, 1995: 462). 한국은 "초·중등교육법" 제38조에 "초등학교는 국민생활에 필요한 기초적인 초등교육을 하는 것"이라고 교육목적으로 제시하고 있다. 그러나 이와 같은 한국은 교육목적은 구체적이고 사실적인 내용들이 제시되지 않고 있다는 점에서 비논리적·비과학적·추상적이라는 이의가 꾸준히 제기되고 있다.

이스라엘의 초등교육은 건국 이전부터 발전의 기반을 마련하였는데 그 이유는 크게 두 가지이다(Yaacov Iram & Mirjam Schmida, 1998: 17). 하나는 사립학교와 학부모 및 학생들로 구성된 위원회가 중심이 되어 1904년 결성된 교원연합(Union)의 역할이다. 그 결과로 지금까지 약 50년간 지속되었던 정치와 사회문화의 변화를 초래하였고, 히브리어의 부흥 및 교사의 전문적 지위를 향상시켰는데, 그 영향은 주로 독일과 오스트리아의 교육제도에서 영향을 받았다. 다른 하나는 독일어와 히브리어의 우위에 대한 문제로 Ezra[1]와의 관계에 기인한다. 그 결과로 유대인들의 고유 언어인 히브리어를 교육하기 위한 초등학교(정

---

1) Ezra: 독일의 게르만족은 독일어가 세계에서 가장 우수한 언어라고 믿기에 다른 민족의 언어, 특히 히브리어보다 우수한 언어라고 믿고 히브리어를 말살하려고 하는 독일인들의 사상 경향.

통유대학교)의 설립이 빠르게 진전되어 1919년에는 이주민 증가에 병행하여 97개의 학교에 만여 명의 학생들이 취학하였다. 그러나 한국의 초등교육은 근대화 초기의 발전단계에서 일본의 강점으로 인한 교육말살 정책 때문에 더 이상 발전하지 못하고 시련을 겪으면서 맥을 이어왔다. 본격적인 초등교육의 발전은 광복 이후부터 이루어졌는데, 다음의 〈표 22〉는 한국과 이스라엘의 초등학교 변화과정을 보여준다.

〈표 22〉 한국과 이스라엘의 초등학교 학교 수, 학생 수 변화현황

구 분		1950	1960	1970	1980	1990	2000	2003
한국	학교 수	2,834	4,496	5,961	6,487	6,335	5,267	5,463
	학생 수	1,366,024	3,621,267	5,749,301	5,658,002	4,868,520	4,019,991	4,175,626
이스라엘	학교 수	512(45)	1,640(139)	1,738(219)	1,787(312)	1,722(330)	2,282(401)	2,410(441)
	학생 수	101,104	411,783	479,803	558,372	612,600	740,280	770,932

주) 1) 한국의 1950년 자료는 1945년 자료임.
　　2) 이스라엘의 ( )는 아랍 민족만의 수치이며, 보육시설을 합한 수치임.
자료: 1) 교육인적자원부(2003). **통계로 본 우리교육**. 서울: 한국교육개발원.
　　2) 문교부. **문교통계**. 1965-70년 통계자료에서 발췌.
　　3) http://www.cbs.gov.il(2003).

이 표를 보면 양적 기회균등을 의미하는 등록률은 양국 모두 완전취학을 성취하였다. 그러나 이스라엘은 아랍민족이 유대민족에 비하여 낮은 등록률을 보이고 있다. 질적 기회균등을 의미하는 학교 및 학급규모에서 한국은 정부수립 때부터 "과대학교와 과밀학급"[2] 현상을 나타내고 있다. 1950년 총 학생 수는 1,366,024명이고, 총 학교 수는 2,834개로 학교당 평균 학생 수는 482명이었으나 이후 인구증가에 따른 학생 수 증가로 1970년에는 학교당 평균 학생 수가 964명으로 증가하였다. 이런 현상은 1980년 872명으로 감소하기 시작하여 2003년에는 학

---

2) 과대학교－학교당 학생 수가 1,000명 이상인 경우를, 과밀학급－학급당 학생 수가 41명 이상인 경우(학급 수가 초등은 36학급 이상, 중등은 24학급 이상)를 의미한다고 한국교육개발원은 정의한다.

교당 평균 학생 수는 764명이 되었다. 또한 학급당 학생 수도 건국 초기의 80명에서 점차 감소하여 현재는 35명 선을 유지하고 있지만 아직도 과밀학급 비율이 약 65%(1995년)에 달하고 있으며 도시에서 집중적으로 나타나고 있다(한국교육개발원, SM 2003-2: 23-29). 이스라엘은 1950년 학생 수가 101,104명, 학교 수는 512개로 평균 학생 수가 197명이었다. 그 후 이주민의 증가와 함께 학생 수는 계속 증가하여 2003년에는 평균 학생 수가 320명으로 증가하였지만 이는 한국의 1/3 수준에 불과하였다. 또한 학급당 학생 수도 평균 27명 선에서 약간의 유동적인 변화를 보였다. 이런 결과는 이스라엘 정부가 학급당 학생 수를 25명 이하로 한다는 정책을 꾸준히 견지하였기에 한국과 같은 과밀학급과 과대학교 현상은 발생하지 않고 있다(www.cbs.gov.il: 2003).

학교유형에서 이스라엘은 독특한 학교육형들이 존재한다. 즉, 설립주체에 따라 국립과 사립으로 구분하며, 이는 다시 종교에 따라 종교학교와 일반학교로 구분된다. 그리고 민족에 따라 유대학교와 비유대학교로 구분되는 다양한 유형의 학교가 고등학교까지 동일한 맥락에서 구분되고 있다. 이를 정리하면 다음의 〈표 23〉과 같다.

〈표 23〉 이스라엘 초등학교 유형구분

초등학교	국립학교	국립학교(State School)	유대학교	히브리어로 수업
			아랍학교	아랍어로 수업
		국립종교학교(State-Religious School)	유대학교	히브리어로 수업
			아랍학교	아랍어로 수업
	사립학교	정통종교학교(Religious School)	정통유대학교(Agudat Israel), 기독교 학교	
		사립학교(Private School)	개인 및 단체에 의한 사립학교	

자료: http://www.cbs.gov.il: 2003.

이런 유형 중에서 1990년에는 국립학교 88.1% 중에서 국립종교학교가 20.5%를 차지하고 있다. 사립학교는 11.9%로 대부분이 종교관련 학교이다. 2000년에는 국립유대학교가 약 8% 정도 감소하였으며, 사립은 8.1% 증가한 20.0%를 점유하였다. 건국 후부터 이스라엘의 사립학교는 계속 감소현상을 보였으나, 1990년 이후 다시 증가현상을 나타내고 있다. 한국의 사립 초등학교는 1965년 75개, 2003년에는 76개 학교가 있는데, 이는 전체의 약 1.4%에 불과하다. 이처럼 한국의 초등학교 중 사립학교 비중이 빈약하였던 원인은 정부의 교육정책이 일관되지 못한 데 있다.

교원양성 정책을 보면 이스라엘은 3년제 교육대학에서 교사를 양성하며, 교육대학 등록 학생 수는 1980년에 비하여 2000년에는 약 140% 증가하였다. 그리고 이런 현상은 1990년대 이후부터 나타나기 시작하였다. 2004년 이스라엘 교육부 자료는 1993년도에 비하여 약 8,000명의 초등교사가 증가한 것으로 나타나 있다. 한국의 초등교원 양성은 사범학교로 시작하여 2년제 교육대학으로 변경하였다가 현재는 4년제로 전환하였다. 그러나 교육수요에 비하여 교원수급이 부족함에 정부수립 직후부터 1970년까지 부족한 교사를 충원하기 위하여 단기 양성과정을 운영하였던 점은 이스라엘과 유사하다. 양 국가의 교원학력을 비교하면 2001년 한국이 80%에 달하는 학위소지 비율을 나타내고 있다. 이스라엘은 학위소지자가 1991년 16.8%에서 2001년에는48.4%로 향상되었다. 무자격(비 학위교사 포함) 교원은 1993년 유대 초등교원의 4.9%, 아랍학교는 6.8%를 차지하고 있다. 이처럼 한국의 초등교원 학위소지 비율이 이스라엘보다 높게 나타나고 있는 이유는 교육대학이 2년에서 4년으로 개정됨에 따른 결과이다. 1990년 이전까지는 한국도 10% 미만이었다. 양국의 교원임용 방법은 임용 주체가 한국은 지방자치단체장인 교육감이 임용하지만 이스라엘은 교육문화체육부 장관이 임용하는 점이 다르다. 그리고 교원신분이 한국은 모든 교원이 전임제인 데 비하여 이스라엘은 전임제와 시간제로 구분되며, 시간제 교원이 전체의 31%를 차지하고 있다. 교원의 성별에서 여성은 2003년 한국이 72%, 이스라엘은 약 83%에 달하고 있으며, OECD(2003) 국가 평균은

78.6%를 차지하고 있는 점으로 볼 때 양국 모두 여성이 차지하는 비율이 높은 점은 유사하다.

교육과정 정책을 보면 한국은 1945년 당시 미 군정청에 의하여 편성된 안을 기준으로 평균 5년마다 개정을 거듭하여 현재 7차 교육과정을 적용하고 있으며, 초기에 비하여 재량활동과 영어가 추가된 점은 교과목의 주요 변화라 할 수 있다. 영어수업은 3-4학년에서 주당 1시간을, 5-6학년에서는 2시간이 편성되었다. 이러한 모든 정책은 국가교육과정에 의하여 수립한다. 이스라엘도 1953년 제정된 "국가교육법"에 의하여 편성하는데, "외적 영향을 배제하고 교육문화체육부장관이 정한 교육과정을 준수"하도록 국가교육과정은 규정하고 있다. 교육과정에는 유대민족의 문화유산인 유대교를 필수로 교육하고 종교교과의 비중은 학교유형에 따라 40-70%를 차지한다. 즉, 유대교과 대 일반교과를 ① 일반적인 성향을 가진 국립학교는 40 : 60, ② 종교적 성향(Mizrachi stream)을 가진 학교는 60 : 40, ③ 노동자적 성향(Labor stream)을 가진 학교는 70 : 30의 비율로 교육을 실시하며, 이런 경향은 교수방법과 학교풍토 및 교사와 학생 간의 관계에 다양한 영향을 미치고 있다. 주당 수업시수는 24-36시간으로 학제와 학년에 따라 다르다. 일반적으로 편성된 교과 중 80%는 국가가 제시한 교과목을 이수하며, 나머지 20%는 학생들의 요구를 수용한다. 학생 선택교과(optional studies)는 학년에 따라 2-5시간을 선택할 수 있는데, 일반적으로 저학년에서 선택폭이 크다. 주제는 시오니즘의 역사, 기원전 역사, 가족사 연구, 여행 등에서 학생이 선택하되 학교의 사전허가를 받아야 한다. 또 다른 선택교과(electives)는 유대교, 아랍문화, 프랑스어, 영양학, 예술 및 음악 등에서 선택할 수 있다. 이와 같은 학생의 선택을 보장하기 위하여 시간제 교사가 많은 비중을 차지하고 있다. 학급당 수업시수는 한국이 평균 28.7시간, 이스라엘은 28.2시간으로 유사하였다.

다음의 〈표 24〉는 이스라엘의 현행 교육과정으로 종교교육 내용을 보

여준다. 여기서 강조된 점은 비유대계 민족을 위한 교육을 그들의 고유
언어(아랍어)로 실시하도록 한 점이다. 그러나 모든 초등학교는 설립단
체나 인종 등과 관계없이 감독기관인 교육문화체육부의 장학을 받는다
(Dalia Sprinzak et., 1996: 73-76). 이와 같은 교육과정에서 보이는 특징
은 이스라엘이 전통문화를 계승하기 위한 교과목이 반영되는 데 비하여
한국은 전통문화를 계승하기 위한 교과가 매우 미흡하다는 점이다.

<표 24> 이스라엘 유대초등학교 교육과정

(단위: 주당 시간)

학교유형 교과목 / 학년	국립학교				국립종교학교			
	1	2	3, 4	5, 6	7, 8	2	3, 4	5, 6	7, 8
국가학교: 성경, 구전문화		+	4	4	4				
국가종교학교: 성경, 예언서, 탈무드, 미슈나, 유대법						8	8, 9	9	9
히브리어		+	4	4	4	4	4	3	3
수학		+	4	4	4	3	3	4	4
과학(자연과학, 농업, 영양학)		+	2	4	3		0. 1	2	3
지리와 사회학		+	2	2	2		1	2	3
역사와 시민윤리				0, 2	2, 3				
영어				2, 3	3			2, 3	3
미술, 기술		+	1, 2	2	3				
예술(제도, 음악, 연극, 댄스), 체육		+	4	4	4	4	4	4	4
음악		+	1	1	1	미술과 기술, 제도, 체육 포함			
선택(유대주의, 일반교과)				2	3, 2	3	4, 2	2	2, 3
선택교과			4, 5	4, 2	3, 2	3, 2	2	2	2
주당 총 시수	24	24	26, 28	33, 34	35, 36	24, 25	26	30, 31	33, 34

자료: Dalia Sprinzak et., ed.(1996). The Development of Education.: National Report of Israel. Jerusalem; The Ministry of Education, Culture & Sport. 13.

교육재정을 보면 초등교육에 투자된 이스라엘 교육부 예산은 2000년
40.2%에서 2001년 30.8%로 감소하였다. 이는 초등교육이 안정되면서
중등단계의 교육비가 증가하고 있기 때문인 것으로 보인다. 한국의 초

등교육비는 1962-73년까지는 연평균 75%, 74-86년까지는 63%, 1987년
-91년까지는 55%대로 전체적으로는 감소세를 보였다. 그러나 1997년
이후에는 다시 70%대로 증가하였는데, 이는 교육환경개선을 위한 교
육비가 초등교육에 집중되었음을 시사한다. 양국의 교육예산 지출유형
에서 전체 교육비 중 경상비는 한국이 83.5%로 이스라엘이나 OECD
국가 평균에 비하여 높다.

　교육예산 확보는 전체 교육단계에서 민간투자의 비중이 초·중등 및
비 고등교육기관을 통합하였을 때 한국이 월등히 높게 나타나고 있다.
이는 한국의 사립 초등학교와 중등학교가 수익자 부담의 교육비를 징
수하기 때문이다. 또 중앙정부와 지방자치단체의 교육비 부담률을 보
면 이스라엘은 중앙정부가 80%, 지방자치단체가 20% 정도를 부담하
고 있다. 한국은 1991년 제정된 "지방자치법"에 지자체가 20%를 부담
하고 중앙정부가 80%를 부담한다는 기준을 수립하였다(최석태, 2000:
158. 2권). 그러나 김남순(2001: 822)은 2000년 한국의 중앙정부 교육
비 부담률은 92%로 매우 높은 국가에 속한다고 한 점으로 볼 때 한국
의 현실은 약 10% 정도를 지자체가 부담하는 것으로 볼 수 있다. ·

　이상의 내용들을 종합하면 다음의 〈표 25〉와 같은데 이는 양국의 초
등교육 여건을 나타내는 지표이다.

〈표 25〉 한국과 이스라엘의 초등교육 여건 비교(2000년 기준)

구　분	취학률	교육과정	학급당 학생 수	교원 1인당 학생 수	학급당 수업시수	학생 1인당 공교육비	교육예산 중 초등교육비 비율
한　국	98.7	국가교육과정	36.5	32.1	25-32	3,155	70.9
이스라엘	96.6	국가교육과정	26.4	20.1	24-36	4,361	40.2

　주) 1) 학생 1인당 공교육비는 2000년 미국 달러의 PPP 환산액임.
　　　2) 한국의 교육예산 중 초등교육비 비율은 1998년 자료임.
　자료: 1) http://www.cms.education.gov.il 2000-2004년 자료에서 발췌.
　　　2) 교육인적자원부(2003). 통계로 본 유·초등교육. 서울: 한국교육개발원.

이처럼 나타나고 있는 한국과 이스라엘의 초등교육 현황은 완전취학과 초등교육에 비중을 두고 있다는 점은 유사하지만 교육의 질과 관련한 부문에서는 많은 차이를 나타내고 있다. 특히, 교육의 질과 관계가 깊은 교육예산과 교원당 학생 수에서는 상당한 차이를 보인다. 이런 점들이 향후 한국의 교육정책에서 고려되어야 할 사항으로 생각한다. 이상과 같이 한국과 이스라엘의 초등교육 비교에서 나타난 특징을 요약하면 다음의 〈표 26〉과 같다.

〈표 26〉 한국과 이스라엘의 초등교육 비교

구 분	한 국	이스라엘	비교특징
교육목적	국민 기초교육	사회통합과 문화계승	이스라엘 - 현실 중시
교육과정과 특징	국가교육과정, 보편적	국가교육과정, 전통적	양국이 유사함
학교유형	단일함	민족, 종교 등 다양함	이스라엘 - 다양함
등록률	완전 취학	완전 취학	이스라엘 - 민족 간 차이
학교규모, 학급당학생	과대학교, 약 37명	소규모학교, 약 26명	이스라엘 - 질적 성장
학생당 공교육비	3,155 $	4,361 $	이스라엘 - 재정확보
교원신분	전임제	전임제, 시간제 병행	시간제가 약 31%
학급당 교원 수	약 1.3명	약 1.7명	이스라엘 - 선택교과 보장
교원양성 과정	4년제 대학	3년제 대학	이스라엘 - 이직률 높음
교육정책	초등교육에 중점을 둠	취학 전, 초등에 치중	이스라엘 - 교육이 우선

라. 중등교육

한국의 중등교육은 전기 3년의 중학교와 후기 3년의 고등학교로 구분하는 데 비하여 이스라엘은 전통적인 8+4 학제와 6+3+3의 신학제를 병행하는 복선형 학제를 채택하는 차이점이 있다. 이와 같이 한국과 이스라엘의 학제가 달리 적용되고 있지만 이 연구에서는 한국의 학제와 같은 6+3+3의 학제를 중심으로 비교하기로 한다.

(1) 전기 중등교육

1968년 중등교육 보편화를 목적으로 이스라엘 정부가 채택한 신학제는 국제적 추세에 따라 3년의 중학교 과정을 신설하였다. 이는 낮은 중등학교 등록률을 높이기 위한 것으로 특히, 유대민족 이외의 소수민족을 위한 교육기회균등과 민족 간 교육격차에 따른 사회 요청을 정부가 수용하고 그것을 해소시키기 위하여 국가정책으로 채택한 것이다. 따라서 1968년 이전에는 전통적 학제에 따라 전기중등교육이 8년의 초등학교와 4년의 후기 중등학교에 포함되어 있었다. 한국의 중학교는 정부수립과 더불어 단선형 학제를 채택하고 인구증가와 국민의 교육열이 결합하여 급속한 성장을 하였으며 특히, 1960년대부터 시작된 계획경제에 동반하여 괄목할 만한 발전을 하였다. 다음의 〈표 27〉은 양 국가의 정부수립 이후에 나타난 중학교의 외적 변화를 보여준다.

〈표 27〉 한국과 이스라엘의 중학교 변화현황

(단위: 개, 명)

구 분		1950*	1960	1970	1980	1990	2000	2003
한국	학교 수	165	1,053	1,608	2,100	2,474	2,731	2,850
	학생 수	84,572	528,593	1,318,808	2,471,997	2,275,751	1,860,539	1,854,641
	학교당 학생 수	512.6	502.0	820.2	1,177.1	919.9	681.3	650.8
이스라엘	학교 수	-	-	36(4)	291(43)	373(69)	587(106)	617(117)
	학생 수	-	-	10,365	87,595	149,500	242,868	247,411
	학교당 학생 수 / 전체평균	-	-	287.9	301.0	400.8	413.7	401.0
	학교당 학생 수 / 유대학교	-	-	247.1	293.5	396.7	405.5	382.4
	학교당 학생 수 / 아랍학교	-	-	614.3	344.3	418.8	451.4	480.6

주) 1) 1950년 자료는 한국이 1945년 중등 통합자료이고, 이스라엘은 1949년 자료임.
   2) 이스라엘의 ( )는 아랍민족만의 수치이며, 나머지는 전체의 수치임.
자료: 1) 교육인적자원부(2003). **통계로 본 우리교육**. 서울: 한국교육개발원.
   2) 교육인적자원부. **문교통계**. 1965-70년 자료에서 발췌함.
   3) http://www.cbs.gov.il.(2003)

이 표를 보면 이스라엘의 중학교는 1980년대 이후에 양적으로 많은 발전을 이룩하였다. 이는 이스라엘 정부의 교육정책 방향이 중등교육 발전에 초점을 두기 시작하였다는 점을 시사한다. 한국은 1960년대부터 양적 성장을 하기 시작하였다. 이와 같은 성장에 따라 한국은 학교규모에서 1,000명을 상회하는 과대학교 현상을 보이고 있고 이스라엘은 약 400명에 머물고 있어 학교규모 차이점을 알 수 있다. 이스라엘은 중학교 교육에서도 민족 간 교육격차를 나타내고 있는데 1949년 유대민족의 등록률이 약 10.1%를 차지하고 있는 데 비하여 비유대민족은 1개 학교에 14명의 학생만이 등록되어 있다. 이런 현상은 신학제가 적용된 1980년대에 이르러서야 유대민족과 비슷한 등록률 23.2%를 이룩하였다. 그러나 유대학교에 비하여 아랍학교는 교육기회균등에서 양적 기회균등은 충족시키고 있으나 질적 기회균등에서는 현재도 불평등한 위치에 있다. 그렇지만 민족 간 소득과 문화적 차이를 고려한다면 이스라엘의 교육정책은 성공적이라고 평가할 수 있다.

설립별 유형에서의 특징은 이스라엘의 사립은 모두 종교학교라는 특징을 가지고 있다. 이스라엘 통계청(2003: 8-14) 자료에 의하면 중학교에서 종교학교가 차지하고 있는 비중은 점점 감소하고 있지만 학생 수에서는 현상을 유지하고 있다. 한국은 사립학교 비율이 1970년대 이후 계속 감소하고 있다. 이는 전체적인 학교 수의 증가에 따른 상대적인 비율감소와 중학교가 무시험 진학제도를 도입하면서 재정확보가 어려워지면서 나타난 현상이다. 따라서 현재는 모든 사립학교들의 재정자립도는 전무하며 오직 정부보조금에 의존하여 운영되고 있다. 이와 같은 상황에서 발전한 한국과 이스라엘의 중학교 현황은 〈표 28〉과 같다.

학교유형과 관련하여 종합하면 한국은 사립학교에 대한 지원정책이 미약한데다 독지가의 출연금도 감소하는 데 비하여 이스라엘은 전통계승을 위한 종교학교의 설립 권장과 지원을 실시하여 현상을 유지하고 있다.

〈표 28〉한국과 이스라엘의 유형별·설립별 학생비율 변화현황

(단위: %)

구 분	이스라엘			한 국	
	국립학교	국립종교학교	정통유대학교	국·공립	사 립
1970	62.5	37.5	–	56.6	43.4
1980	75.6	23.0	1.4	64.3	35.7
1990	83.3	16.1	0.6	71.5	28.5
2000	81.3	18.5	0.2	75.2	24.8
2003	80.8	19.1	0.1	76.5	23.5

자료: 1) http://www.cms.education.gov.il
2) 교육인적자원부(2003). 통계로 본 중등교육. 서울: 한국교육개발원. 66.

교원양성은 양국 모두 4년제 대학에서 양성되는데, 초기에는 교원부족과 자격에서 어려움을 겪었다. 한국은 1970년 전체 교원 중 75%가 학위를 소지하였고 나머지 25%는 단기 양성소와 검정고시 출신이다. 이스라엘은 이주민과 그 자녀들의 교육을 위하여 이주 유대인 중에서 선발하고 단기 재교육을 실시해 교사로 활용하였기에 일부 무자격 교원이 1981년 전체 유대학교 중등교원 중 3.4%를 차지하였다. 아랍학교는 1981년 4.3%이던 것이 1993년에는 5.6%로 오히려 증가하였다. 교원의 신분은 전임교원이 62%, 시간제 교원이 38%를 차지하고 있다.

다음 〈표 29〉는 한국과 이스라엘의 교육여건을 비교한 것으로 이스라엘이 한국에 비하여 유리한 입장이라 본다. 학급당 학생 수가 이스라엘은 건국부터 1990년대 이전까지는 학급당 학생 수가 30명 이하로 유지되었으나 1980년대 이후 등록률이 급증하면서 30명대를 상회하기 시작하였다. 그러나 한국은 1990년대까지는 60명 내외를 유지하나 2000년대에 이르러 30명대로 감소하였고 교원당 학생 수도 1980년대까지는 40명 이상에서 2000년대에 이르러 20명대에 도달하였다. 교육기관에 대한 공공 대 민간투자의 상대적 비율은 공공투자 비율이 이스라엘이 한국보다 약 13% 높다. 정부의 교육재정 부담이 민간부담보다

크다는 것은 좋은 현상으로 이스라엘은 한국에 비하여 양호하다. 총
교육비 중 경상비와 자본비의 구성은 양국 모두 교직원의 임금이 절대
적 비중을 차지하고 있다.

〈표 29〉 한국과 이스라엘의 중학교 교육여건 비교(2000년 기준)

구 분	취학률	학급당 평균 학생 수	교원 1인당 학생 수	연간 수업일 수	주당 평균 수업시수	학생당 공교육비	공공 : 민간투자의 상대적 비율
한 국	95.0	37.7	20.1	220	34	3,655	80.8 : 19.2
이스라엘	96.6	31.1	12.9		37	5,518	94.1 : 5.9

주) 학생 1인당 공교육비는 2000년 미국 달러의 PPP 환산 금액임.
자료: 1) http://www.cms.education.gov.il 2000-2004년 자료에서 발췌.
　　　2) 교육인적자원부(2003). **통계로 본 유·초등교육**. 서울: 한국교육개발원.

　양국의 교육과정을 보면 한국은 7차 교육과정에서 이수단위가 34단위
이며, 이수할 교과목 수는 12개에서 10개로 조정되었다. 교과목별 이수단
위를 감소하는 대신에 재량활동시간을 추가하였다. 또 하나는 광복 이후
부터 초등학교와 무관하게 편성되어 운영하던 중학교 교육과정을 초등
학교의 연장선에서 편성한 점이 특징적 이다. 이스라엘의 교육과정은
1995년까지는 이수단위가 34단위였으나 1996년부터 37단위로 수학 2단
위, 시민생활 1단위를 강화되었다. 한국에 비하여 특별한 점은 성경교과
를 필수로 한 점이다. 특히 국립종교학교는 12-14단위의 유대사상과 구
전율법을 필수로 이수하도록 하였다. 그리고 민족 간 교육과정에서 차이
가 있음을 알 수 있는데 유대학교에 비하여 아랍학교는 전반적으로 아랍
문화 계승을 위한 교과가 적거나 제외되고 있다. 종합적으로 보면 한국
과 이스라엘의 현행 교육과정의 특징은 이스라엘은 유대문화를 계승하
기 위한 전통 교과목이 편성된 점이다. 다음의 〈표 30〉은 한국의 7차 교
육과정이며 〈표 31〉은 이스라엘의 현행 중학교 교육과정인데, 한국에 비
하여 이스라엘의 교육과정은 전통 교과를 강조하는 점이 큰 차이점이다.

〈표 30〉 한국의 7차 중학교 교육과정

구 분		7학년	8학년	9학년
교 과	국 어	170	136	136
	도 덕	68	68	34
	사 회	102	102	136
	수 학	136	136	102
	과 학	102	102	102
	기술·가정	68	102	102
	체 육	102	102	68
	음 악	68	34	34
	미 술	34	34	68
	외국어(영어)	102	102	136
재량활동		136	136	136
특별활동		68	68	68
주당 평균 수업시수		1,156	1,156	1,156

자료: 교육인적자원부(2002). 중학교 교육과정. 교육인적자원부. 6.

〈표 31〉 이스라엘의 유형별·민족별 전기 중등학교 교육과정

학교유형 교과목	유대학교		아랍학교	
	주당 시간 수		교과목 및 영역	주당 시수
	국립학교	국립종교 학교		
히브리어	12	11	히브리어	15
영어	11	11	영어	12
아랍어/불어	9	9	아랍어	12
수학	14	14	수학	14
과학, 기술	18	15	과학, 기술	18
성경	14	12	아랍·이슬람·기독교·드루 즈 문화유산	7
구전율법과 유대주의		12-14		
역사, 지리, 인문학과 사회학	16	12	역사, 지리, 인문학과 사회학	16
미술	4	3	미술	4
교육, 시민윤리(개인과 사회)	7	7	교육과 시민윤리(개인과 사회)	7
체육	6	3-5	체육	6
총계	111	111	총계	111

자료: Dalia Sprinzak, et.,(ed.).(1996). The Development of Education; National Report of Israel. Jerusalem; The Ministry of Education Culture & Sport. 73-74.

학교교육의 효과를 논하는 측면에서의 지표로 "중도탈락률"을 제시할 수 있다. 이스라엘은 중도탈락률의 개념이 입학에서 졸업까지 동일한 급의 학교에서 재학하지 못한 학생들의 비율을 말하고 있다. 즉, 교육부 감독의 학교에 입학하여 노동부 등 타 부처나 기관이 주관하는 학교로 전학한 학생들도 포함되는 것으로 정의하고 있는데, 중학교 과정에서의 중도탈락은 보고 되지 않고 있다. 이는 무상의무교육에 따른 영향으로 본다. 한국은 1970년의 중도탈락률은 2.5%였으며, 이 중에서 여학생이 1.8%를 차지하고 있었다. 2003년 통계는 1.1%로 모두 여학생인 것으로 조사되었다. 중도탈락률은 저학년보다 고학년이 높고, 지역별에서는 대도시가 소도시보다 높다. 탈락사유는 유학과 이민이 평균 35.7%로 가장 높으며 기타 사유로는 가사와 부적응 등의 순으로 나타났다.

중학교로의 진학을 위한 입시정책은 한국의 사립학교가 학생 선발권이 전혀 없다는 점 이외에는 양 국가 모두 무상의무교육에 포함시키고 있기에 완전 취학에 접근하고 있어서 특별한 차이점은 없다. 그러나 이스라엘은 학교를 학생이 선택할 수 있다는 점과 경쟁에 의한 선발을 하고 있다는 점에서는 차이가 있다.

이상과 같이 비교한 내용들을 종합하면 양 국가의 학생 등록률, 교원 양성과정 및 학급당 교원 수(전임제)에서는 유사하였다. 그러나 학제의 도입배경, 학교유형, 교원신분 및 교육과정 등과 같은 점에서는 차이점이 나타나고 있다.

〈표 32〉 한국과 이스라엘의 전기 중등학교 비교

구 분	한 국	이스라엘	비교특징
학제 도입배경	미국교육제도에 따름	사회적 요청에 의함	이스라엘-내적여건에 의함
학교유형	공사립. 사립-23.5%	다양함	이스라엘-다양성 발휘
등록률	등록률 100%	등록률 100%	양국-무상의무교육
학교규모 및 급당 학생 수	과대학교, 약 38명	약 31명으로 보통규모	이스라엘-질적 성장추구
입시제도	무시험진학제도	선발제도	이스라엘-수월성 추구
교육과정	34단위	37단위. 유대문화 교육	이스라엘-전통 가치추구
교원신분	전임제	시간제-약 38%임	이스라엘-학생선택 보장
학급당 교원 수	약 1.9명	약 2.2명	이스라엘-여건 양호
교원양성 과정	4년제 대학	4년제 대학	양국 유사함

(2) 후기 중등교육

(가) 교육제도 및 행정일반

후기 중등학교는 일반계와 실업계 및 종합고등학교로 구분된다. 종합학교의 등장배경은 양국 모두 일반학교로의 진학에 실패하여 실업학교로 진학하는 학생들의 갈등을 해소하고 동시에 후기 중등교육의 보편화를 위한다는 명분에서 출발하였다. 이스라엘의 종합학교는 1960대에 정부가 채택한 교육정책으로 그동안 꾸준히 성장하였다. 한국도 1960년대의 비슷한 시기에 종합학교를 설립 또는 기존의 고등학교를 종합학교로 개편하여 운영하기 시작하였다. 이와 같이 분류하고 있는 한국과 이스라엘의 후기 중등학교현황은 다음의 〈표 33〉과 같다. 이 표를 보면 1980년대 이전까지는 총인구 대비 후기 중등학교 등록률에서 이스라엘이 한국에 비하여 높았다. 또 하나는 한국은 정부수립 직후의 국가재정의 부족과 전쟁 등으로, 이스라엘은 아랍 국가들과의 전쟁으로 인하여 1970년대에 이르러 후기 중등교육에 대한 정책적 배려가 시작된 공통점을 가지고 있다.

〈표 33〉 한국과 이스라엘의 후기 중등학교 변화현황

(단위: 개, 명, %)

구 분		1950	1960	1970	1980	1990	2000	2003
한국	학교 수	165	658	889	1,353	1,683	1,957	2,031
	학생 수	84,572	273,434	590,382	1,696,792	2,283,806	2,071,468	1,766,529
	총인구 중 등록률	0.4	1.1	1.9	4.5	5.3	4.5	3.7
	학교당 학생 수	512.6	415.6	664.1	1,254.1	1,357.0	1,053.1	869.8
	여학생 비율	–	–	37.1	42.6	47.0	48.0	47.6
	여성교원 비율	–	–	15.5	17.1	23.2	30.0	36.2
이스라엘	학교 수	99(1)	360(7)	579(35)	527(49)	631(93)	1,128(136)	1,277(171)
	학생 수	10,232	57,098	137,486	166,283	244,819	321,810	342,077
	총인구중 등록률	0.7	2.7	4.5	4.2	5.1	5.1	5.2
	학교당 학생 수	103.4	158.6	237.5	315.5	388.0	285.3	267.9
	여학생 비율	–	–	52.8	54.3	52.8	51.4	50.8
	여성교원 비율	30.6	30.1	46.1	56.5	62.1	66.9	68.0

주) 1) 한국의 1950년은 1945년 중학교가 합산됨. 등록률은 1949년 총인구수로 계산함.
　　2) 이스라엘의 (　)는 아랍민족만의 수치로 전체에 합산되었음.
자료: 1) 교육인적자원부(2003). **통계로 본 우리교육**. 서울: 한국교육개발원.
　　2) 문교부. **문교통계**. 1965-70년 자료에서 발췌.
　　3) http://www.cbs.gov.il.(2003)

　전체 인구수를 대비한 비교 외에 졸업률(해당 교육단계의 졸업생 수
/해당 교육단계의 졸업 적령인구×100)에 의하여 비교하면 2000년 한국
은 총 97%임에 비하여 이스라엘은 총 85%로 14% 정도 한국이 높았
다(OECD: 2003). 이는 중도탈락이 이스라엘 교육에서 많았다는 점을
의미한다. 또 취학대상 연령별 등록률을 기준으로 비교하면 15-19세
인구 중 등록률은 한국이 79.3%, 이스라엘이 63.3%로 한국이 약 15%
정도 높게 나타난다. 이러한 차이는 이스라엘의 병역제도에 따른 고등
교육기관 입학 시점과 아랍 민족의 낮은 후기 중등교육 등록률 등이
복합적으로 작용한 것으로 보인다.
　교육과정별 운영은 일반 대 실업 대 산학협동의 비율이 한국이
65.9 : 34.1 : 0.0이며, 이스라엘은 67.0 : 33.0 : 3.9로 비슷하였다. 그러나

이스라엘은 미약하나마 산학협동 프로그램에 의한 교육과정을 운영하고 있다는 점이 한국과의 차이점으로 나타난다. 이와 같이 운영하는 산학협동 프로그램은 대부분의 OECD 국가들이 채택하고 있으며 국가평균이 15.0%로 나타나고 있다. 특히 독일, 덴마크, 스위스는 50%가 넘는 학생들이 산학협동 프로그램에 참여하고 있다. 이런 점에서 한국의 실업교육은 기능 면에서 이스라엘에 뒤지고 있다고 본다.

　성별 학생구성비를 보면 이스라엘의 여학생 비율은 남학생에 비하여 높게 나타나고 있는데, 이는 이스라엘이 양성평등교육 실현과 여성의 사회활동 참여가 한국보다 일찍 정착했음을 의미한다. 즉, 초·중등 및 고등교육에서 여학생의 등록비율은 건국 초기를 제외하고는 남학생에 비하여 높다. 그러나 한국은 여성의 사회활동이 제한적이었던 유교문화의 영향으로 광복 이전부터 여학생의 중등 및 고등교육 진학률은 남학생에 비하여 매우 낮은데 1970년 여학생 비율이 37.1%로 남학생의 절반 정도였다. 그러나 사회변화에 따라 여학생 비율은 향상되어 2003년에는 47.6%에 도달하였다.

　이런 경향은 교원의 성비율에서도 나타나고 있는데 2003년 여성교원 비율이 한국은 30%임에 비하여 이스라엘은 68.2%이다. 이스라엘의 교원현황을 보면 2000년 후기 중등학교에 등록된 교원은 총 42,335명인데 이 중 여성이 유대학교가 65.0%, 아랍학교가 32.1%로 나타나 있다. 이는 민족문화의 차에서 비롯된 결과가 교육현실에서도 나타나고 있는 것이다. 한국은 1970년 여성교원이 약 15.5%에 불과하였으나 꾸준히 증가추세를 보였다. 특히 여성의 직업으로 교원의 선호도가 높아서 여성의 사범대학 진학 증가를 보이며 그들 대부분이 졸업과 동시에 교사로 진출하는 경향이 있다. 교원의 학력은 2000년 유대학교가 86.2%, 아랍학교가 74.5%의 교원이 학사학위를 소지하고 있으며 일반적 경향은 유대학교는 비학위 교원비율이 감소현상임에 비하여 아랍학교는 2000년에 1% 증가하였다. 이는 아랍민족의 후기 중등학교 증가에 비하여 교원양성이 부족하였다는 점을 간접적으로 시사한다.

한국의 중등교원은 4년제 대학에서 양성하고 있으나 그간 교원인력 부족에 따라 단기 양성과정을 운영하였던 관계로 1970년 23.5%가 양성소와 검정고시 출신이었다. 이런 비율은 2000년 6.8%로 감소하였는데 이에는 전문대학에서 양성하고 있는 보건교사, 사서교사, 실기교사 등이 포함되어 있는 점을 감안하면 비학위 교원비율은 더 낮아질 것이다. 이처럼 한국과 이스라엘은 교원부족을 충당하기 위하여 임시방편으로 실시하였던 교원정책의 후유증이 아직도 남아 있다.

다음의 〈표 34〉는 한국과 이스라엘의 교원양성 대학 현황이다. 이 자료를 보면 이스라엘은 유대학교의 교원양성 프로그램이 건국 직후부터 조직적으로 운영되었으나 아랍학교는 2000년대에 이르러 현실화되었다는 것을 알 수 있다. 한국은 1970년대의 사범계 대학 학생 수에 비하여 1980년의 학생 수는 약 300% 정도가 증가하였다. 고등교육기관 재학생 중 사범계 학생 구성비는 1970년 8.9%에서 변동을 거쳐 2000년 이후에는 약 4%선을 유지하고 있다. 현재 한국은 중등교원 양성이 수요에 비하여 과잉공급 현상을 보이고 있다.

〈표 34〉 한국과 이스라엘의 교원양성대학 변화현황

(단위: 개, 명)

구 분		1970	1980	1990	2000	2003
한국	대학 학과 수	-	445	449	511	522
	학생 수	17,928	54,513	67,838	67,029	72,285
이스라엘	유대학교 대학 수	40	53	27	40	50
	유대학교 학생 수	4,994	11,285	12,333	28,442	31,372
	아랍학교 대학 수	1	2	2	3	4
	아랍학교 학생 수	370	485	576	2,621	3,581
	계 대학 수	41	55	29	43	54
	계 학생 수	5,364	11,770	12,909	31,063	34,953

자료: 1) http://www.cbs.gov.il 2004.
　　　2) 교육인적자원부(2003). **교육통계연보**. 서울: 한국교육개발원.

교사직에 대한 선호도의 한 측면으로 이직률을 들 수 있다. 이스라엘의 교원 이직률은 유대학교가 아랍학교보다 약간 높게 나타나고 있는데 1990년대에 비하여 현재는 많이 낮아졌다. 그러나 유대학교의 이직률은 여전히 16%선에 머물고 있다. 이는 유대인들이 사회적으로 넓은 취업 기회를 가질 수 있다는 점을 시사한다. 한국은 1990년대 이전까지는 이직률이 높았으나 그 이후부터는 점차 낮아졌으며, 2000년대에 이르러서는 선호도가 높은 직업에 속한다.

학생 1인당 교육경비는 1999년 한국이 4,410＄, 이스라엘이 5,518＄로 이스라엘이 높다. 교육비 부담에서 한국은 수익자 부담인 데 비하여 이스라엘은 국가가 부담하고 있다. 이와 같은 상황은 국가의 교육에 대한 의무를 해석하는 데 따른 차이로 한국은 사립의 유지·경영은 해당 법인의 의무로 규정하고 있다. 이런 교육정책은 결국 사립학교의 경영과 연관되어 "과대학교" 현상을 초래하였다.

〈표 35〉 한국의 설립별·유형별 후기 중등학교 변화현황

(단위: 개, 명)

구 분		총 계	일반계 고등학교				실업계 고등학교			
			계	국립	공립	사립 비율	계	국립	공립	사립 비율
1970	학교 수	889	408	3	173	56.9	481	1	294	61.1
	학생 수	590,382	315,367	3,140	121,729	60.4	275,015	736	142,092	48.1
1980	학교 수	1,353	748	6	344	52.9	605	5	308	48.3
	학생 수	1,696,792	932,605	7,140	349,366	61.8	764,187	8,344	323,795	56.5
1990	학교 수	1,683	1,096	11	508	52.6	587	3	311	46.5
	학생 수	2,381,730	1,473,155	12,506	552,074	61.7	810,651	6,280	304,230	61.7
2000	학교 수	1,957	1,193	12	567	51.5	764	5	440	41.8
	학생 수	2,071,468	1,324,482	11,163	556,626	54.9	746,986	8,013	358,507	50.9
2003	학교 수	2,021	1,287	12	657	48.8	734	5	424	41.6
	학생 수	1,766,529	1,224,452	9,293	569,439	52.7	542,077	6,093	268,391	49.4

주) 방통고, 고등기술학교, 각종 학교는 제외함. ( )은 사립학교 비율.
자료: 교육인적자원부(2003). **통계로 본 중등교육**. 서울: 한국교육개발원. 66-69.

앞의 〈표 35〉는 한국의 고등학교 발전 현황이다. 이 표를 보면 일반계와 실업계 모두 사립학교가 정부수립 시기로 거슬러 갈수록 국·공립학교보다 많았다는 사실이다. 그러나 1980년대 이후부터 사립학교의 비율은 낮아지기 시작하였는데, 이는 고등학교 입시제도인 평준화정책과 관계된다. 또 하나는 실업계 학교의 증가는 완만한 데 비하여 일반학교는 빠른 속도로 증가한 사실이다. 이는 유교문화에 따른 일반학교의 선호도와 국민의 교육열이 상호 작용된 결과로 볼 수 있다. 이에 비하여 이스라엘의 사학은 국가정체성 유지와 문화계승을 위하여 건국 이전부터 사회단체와 지식인들이 설립하여 후기 중등교육을 선도하였다. 건국 후 정부재정의 부족과 유·초등교육의 의무교육을 정착시키기 위한 교육정책으로 사립학교에 대한 재정지원이 사라지면서 이스라엘도 사립학교는 교육비를 징수하였다. 그러나 교육예산 구성비를 보면 사학에 대한 지원이 있는데 이는 정부가 중등교육 보편화를 위해 1968년 무상의무교육 확대실시에 이어 1977년 고등학교 3학년까지 무상교육에 포함시키도록 교육 관련법을 개정한 데 따른 것이다. 이런 정책은 1990년대 이후 정통유대학교를 급격히 증가시키는 결과를 초래하였다. 이에 비하여 아랍학교는 모두 국가학교로 사립학교와 종교학교가 없다. 다음의 〈표 36〉은 이스라엘의 고등학교 단계에서의 설립별 유형의 학교 변화인데, 여기서 관심을 가지고 관찰할 점은 정통유대학교의 증가현상이다. 앞에서 기술하였듯이 이스라엘의 전통과 역사는 유대교와 함께 시작되고, 유대교의 계승이 곧 유대인의 존재하는 당위성이다. 따라서 유대교와 국가, 유대교와 문화전통, 유대교와 교육 등은 분리하여 논할 수가 없다. 결국 이스라엘 정부는 아랍민족과 인접한 아랍 국가들과의 충돌을 피하면서 유대민족의 정체성 확립을 위한 교육을 사학을 활용하는 방안을 정책으로 채택한 것이라고 본다.

〈표 36〉 이스라엘의 유형별 후기 중등학교 변화현황

(단위: 명, %)

구 분	총학생 수	국가학교	국가종교학교	정통유대학교
1970	129,436	74.4	21.9	3.7
1980	143,810	73.8	22.2	4.0
1990	205,139	75.9	18.4	5.7
2000	270,862	68.0	17.2	14.8
2003	283,076	66.5	16.9	16.6

자료: http://www.cbs.gov.il(2004) table 8-14.

이런 정책적 이유들로 인하여 이스라엘은 유대교와 관련한 교과목을 필수로 이수하게 하고 또한 유대문화와 관련한 내용들을 교육하도록 지정하고 있다. 즉, 교육과정은 설립목적에 따라 자율로 편성하도록 허용되지만 최소기준은 국가가 명시하고 있다. 이는 이스라엘의 정치·사회가 불안정함에 따른 상대적 결과로 볼 수 있다.

고등학교 교육과정을 비교해보면 이스라엘은 문화와 전통을 계승하기 위하여 히브리어, 성경, 유대사상, 교육과 시민윤리를 3년 동안에 28시간을 필수로 채택하고 있다. 한국도 역사와 문화를 배우도록 하고 있으나 이스라엘에 비하면 국가정체성 확립을 위한 교육과정으로는 부족한 편이다. 종교학교에서는 국립학교의 성경과 유대사상 9시간을 20-26시간으로 강화하고 있다. 따라서 국립종교학교는 국립학교보다 3년간 이수하여야 할 교과시간 수가 많게 편성되어 있다. 그러나 아랍학교는 아랍문화와 종교에 대하여 3-4시간 이수하도록 하고 있는 점이 유대학교와 차이점이다. 외국어는 영어를 기본으로 하며 제2외국어 선택 범위는 매우 넓은데, 이는 어머니의 출신 지역에 따라 선택하는 경향이 크다.

고등학교 단계의 중도탈락률은 이스라엘의 경우 전체적으로 유대학교보다 아랍학교에서 높게 나타나고 있다. 9-10학년에 재학하고 있는 학생들의 중도탈락(이동학생 포함) 비율이 2003년 21.2%에 달하고 있다. 민족별로 보면 유대학교가 19.3%임에 비하여 아랍학교는 29.8%에 달하고 있다. 중도탈락 학생 중 심각한 문제는 학교교육에서 떠나는 학생들인데 유대학교가 5.8%, 아랍학교가 11.1%라는 점이다. 학교 유형별로 보면 공립학교보다 사립학교(정통유대학교)가 높으며, 저학년이 고학년보다 높고, 성별에서는 남학생이 여학생보다 2배 정도 높게 나타나고 있다. 그리고 이런 중도탈락 현상은 전체적으로 이스라엘에서 출생한 학생보다 이주민 학생들이 높다.

고등학교의 교육목적은 중학교 교육을 기초로 상급학교인 고등교육기관으로 진학하기 위한 교육과정을 교육하는 일반고교와 직업과 기능을 습득하는 실업계로 대별한다. 대학에 입학하기 위하여 한국과 이스라엘의 고등학교 학생들은 입학자격시험을 치른다. 이스라엘은 대학입학자격시험(Matriculation)에 응시할 수 있는 자격을 1968년 신학제가 도입되기 이전까지는 일반 고등학교(Gymnasium)의 교육과정을 이수한 학생들에게만 부여하였다. 그러나 현재는 고등학교 과정을 수료한 모든 학생들은 대학입학자격시험에 응시할 수 있으며, 이런 정책에 따라 자격시험 응시율은 상당히 높아졌다. 이스라엘 통계청(표 8-23) 자료에 의하면 1990년 적령 인구수를 기준으로 하였을 때 유대학교 58%, 아랍학교 41%, 드루즈 학교 39%, 베두인 학교 13%이었다. 그리고 2000년에는 각각 72%, 64%, 77%, 49%로 자격시험 응시율은 향상되었다. 이스라엘 국가 평균으로 보면 52%에서 68%로 16%가 상향되었으며 특히, 소수민족 학생들의 고등교육 진학이 급속히 향상되었다. 응시자 중 자격시험 합격률은 유대학교가 46%로 가장 높고 베두인 학교가 17%로 가장 낮지만, 국가 전체 평균은 1990년 31%에서 2000년 41%로 향상되었다. 학교 유형별로 보면 유대학교는 12학년 학생 중 응시자 비율은 일반 대 실업이 91.0% : 81.3%로 일반계가 약 10% 정도 높으며, 합격률은 67.9% : 44.6%로 일반계가 23.3% 높다. 성별로 보면 여학생이 남학생보다 높고, 최종 대학 입학자 수에서도 남학생보다 여학생이 10% 정도 많았다. 기타 민족학교의 양상은 유대학교와 비슷하였다. 이주 지역별로 보면 이스라엘에서 출생한 유대인과 유럽 및 미국에서 이주해 온 학생들의 응시율과 합격률 및 진학률이 높았으며, 아시아와 아프리카 지역의 이주민 학생들이 상대적으로 낮았다. 이런 현상은 고등교육 진학률에서도 유사하다. 이스라엘은 대학입시에서 탈락하는 비율이 약 32%이고, 자격을 획득하고도 대학입학에 실패하는 비율이 약 11%에 달한다. 이처럼 이스라엘은 고등교육을 향한 경쟁이 치열한데, 이는 곧 고등학교 교육의 교육과정 운영과 수업의 질과 관계된다. 그러나 종합적으로 보면 "교육을 통한 사회화" 정책을 달성하고 있는 것으로 볼 수 있다.

한국의 고등학교도 이스라엘과 같이 대학입학자격시험을 치르고 그 성적을 바탕으로 다양한 전형방법을 가진다. 대학입학자격시험의 유형은 변화했지만 처음부터 응시자격에 제한을 두지 않았으며, 일반과 실업의 응시율과 진학률이 다를 뿐이다. 1969년 최초의 대학입학 예비고사에는 120,580명이 지원하여 52.3%인 63,044명이 합격하였다. 합격자의 분포에서 서울과 지방 간 차이가 약 20% 정도로 서울이 높았다. 또 탈락으로 인한 재수생이 발생하였는데, 1970년 응시자의 분포 중 재수생 비율이 45.4%에 달하였다. 이런 재수생 비율은 계속 이어지면서 사교육비가 사회문제로 대두되었다. 그 후 대학입학학력고사로 바뀌면서 1989년 통계에는 응시자가 100만 명을 초과하였다. 그러나 상대적으로 대학입학정원은 34만 명에 불과하여 약 100만 명이 진학에 실패하는 최악의 상황을 연출하였다. 1990년대에 이르러 대학수학능력시험으로 명칭이 바뀌고, 인구감소에 따른 고등학교 학생 수 감소와 더불어 대학정원이 증가됨에 따라 재수생이 증가하는 현상은 감소되었지만 아직도 대학진학을 위한 재수생 문제는 심각한 상황에 있다.

이스라엘은 고등학교에서 지역 간 학력의 차가 거의 없는 것으로 나타나고 있다(www.cbs.gov.il). 그러나 한국은 고등학교 입시제도가 평준화 제도로 바뀐 후 꾸준히 제기되는 문제 중 하나가 지역 간 학력차를 들 수 있다. 교육인적자원부가 한국교육개발원에 의뢰하여 실시한 2001학년도 학업성취도 평가자료(김영철, 2004)의 연구에 의하면 초·중·고교의 학력이 지역별로, 또 동일 지역 내의 학교 간에 학력 차이가 있다고 분석되었다. 이와 같은 학력은 교육의 질 문제로 한국교육의 문제점이다.

이상의 내용들을 종합하면 초·중학교에 비하여 고등학교에서는 두 나라 사이에 비슷한 점보다는 상이한 특징들이 많았다. 특히, 이스라엘은 입시제도가 경쟁에 의하고 있는 점과 일반 : 실업학교 비율을 정책적으로 조정하고 있는 점은 전통과 현대 요청을 적절히 수용하는 의도적 교육정책이라고 할 수 있다. 이와 같이 한국과 이스라엘의 후기 중등학교 교육정책에서 나타난 특징들을 요약하면 〈표 37〉과 같다.

〈표 37〉 한국과 이스라엘의 후기 중등학교 교육제도 및 행정 비교

구 분	한 국	이스라엘	비교특징
후기중등교육 유형	일반, 실업, 종합학교	일반, 실업, 종합학교	유사함
일반 대 실업 비율	66 : 34	67 : 33	이스라엘－일반에 종합학교 포함
사립학교 비율	45.2%	16.6%	이스라엘－종교학교임
학생당 교육비	4,410 $	5,518 $	이스라엘－OECD 국가 평균과 비슷
교원신분	전임제, 국가 공무원	전임제·시간제, 지방 공무원	시간제－학생선택 보장
여성교원비율	36%	68%	이스라엘－양성평등 실현
학급당 교원 수	약 2.2명	약 2.4명	이스라엘－질적 여건 구비
교원이직률	낮음	16%	이스라엘－교원급료 낮음
전체 고교 졸업률	97%	85%	이스라엘－중도탈락 많음
여학생 구성비	48%	51%	유사함
교육과정 특징	국가교육과정에 따름	국가교육과정.	이스라엘－전통문화 유지 목적
입시제도	평준화 제도	선발시험에 의함	이스라엘－수월성 실현

(나) 일반 고등학교

이스라엘의 일반학교의 기원은 건국 이전인 1907년 유대 지식인들이 시오니즘의 실현을 위하여 설립하기 시작하였으며, 교육과정은 히브리어, 유대사상, 성경, 탈무드 등의 전통적 유대문화와 사상의 내용으로 구성되어 있었다. 그리고 유대 자치단체(Yishuv)의 교육정책은 초등교육을 수료한 학생 중 상위 25% 정도만 입학할 수 있도록 통제하였는데, 이는 미래의 이스라엘을 선도할 "엘리트"로 육성해야 한다는 가정이 정책으로 작용한 것이다. 이후 1949년 일반학교로의 진학은 초등교육 수료생의 40% 정도까지 수용할 수 있도록 완화되어 일반 고교로의 진학은 다소 여유로워졌지만 유대민족과 비유대민족 간의 갈등과 차별은 여전히 존재하였다. 아래의 〈표 38〉은 한국과 이스라엘의 일반 고등학교의 변화과정을 나타내고 있는데 이스라엘의 민족 간 격차를 볼 수 있다.

〈표 38〉 한국과 이스라엘의 일반 고등학교 변화현황 비교

구 분		1960	1970	1980	1990	2000	2003
한국	학교 수	389	408	748	1,096	1,193	1,297
	학생 수	254,095	315,367	932,605	1,473,155	1,324,482	1,224,452
	학교당 학생 수	653.2	773.0	1,246.8	1,344.1	1,110.2	944.1
	사립학교 비율	-	56.9	53.2	52.6	51.5	48.4
이스라엘	학교 수	118(5)	237(18)	283(51)	420(80)	643(74)	769(94)
	학생 수	34,827	69,929	80,617	-	189,020	202,960
	학교당 학생 수	295.1	295.1	284.9	-	294.0	263.9
	사립(종교)학교비율	-	3.7	4.0	14.8	16.4	16.6

주) 1) 한국의 1960년 자료는 1965년 자료임.
   2) 이스라엘의 ( )는 아랍민족만의 수치로 전체에 합산됨.
   3) 이스라엘은 일반 고교에 종합학교 통계가 포함됨. 한국은 종합학교가 제외됨.
   자료: 1) 교육인적자원부(2003). **통계로 본 우리교육**. 서울: 한국교육개발원.
     2) 문교부. **문교통계**. 1965-1970년도 자료에서 발췌.
     3) http://www.cbs.gov.il.(2003)

이스라엘의 일반 고등학교는 건국 이전에는 초등교육 4년과 중등교육 8년으로 총 12년간 교육하는 학제(4+8)로 출발하였다. 1968년 6+3+3+4의 신학제가 도입되면서 8년 과정의 전통적 인문학교는 3년 과정의 일반 고교로 전환하게 되었다. 이와 같이 전통적 학제를 개혁하게 된 배경은 ① 전통적인 일반 고교가 입학과정에서부터 치열한 경쟁을 하는 입시제도와 인구증가에 수반된 학생 증가를 감당하지 못하는 점 ② 이주민들의 자녀교육에 대한 기대심리와 민족 간 교육기회의 불평등 등의 사회적 여론 ③ 중등교육까지 국민들의 전체적 교육 기대 연수를 향상시키려는 정부의 교육정책 등이 작용하였다. 그 결과로 이스라엘의 후기 중등교육 등록률은 많이 향상되었다.

한국은 정부수립 이전에 수립된 복선형 학제가 광복과 더불어 단선형 학제로 통일되면서 공통으로 3년의 일반 고등학교로 처음부터 정착하였다. 따라서 이스라엘과 같은 복선형 교육제도는 없다. 다만 일반 고등학교로 진학하려는 높은 교육열이 사회적 갈등을 유발하는 이스라엘처럼 공통의 문제점으로 대두되어 1974년 고등학교를 무시험으로 진학하는 고교평준화 제도를 도입하였다. 2003년 교육통계는 전체 일반 고등학교의 56.8%인 694개 고등학교가 평준화 제도의 적용을 받고 있다.

한국과 이스라엘은 초등학교에서 중학교로의 진학이 100% 이루어지고 있으며 고등학교로의 진학도 유사하다. 그러나 이스라엘은 입시정책에서 선발과정을 거쳐 일반 고등학교로 진학하는 데 비하여 한국은 무시험 전형제도를 실시하고 있는 점에 차이가 있다. 이런 차이는 외형상 문제가 없는 것으로 보이지만 내면적으로는 고등학교 교육의 질과 학력에 영향을 주는 변인으로 작용하고 있다. 즉, 이스라엘의 일반 고등학교는 중학교 졸업생의 약 50% 정도의 학생들이 경쟁시험에 의한 진학을 하는 데 비하여 한국은 중학교 졸업생의 약 70%가 무시험으로 일반고교로 진학한다. 이와 같은 전형제도는 한국의 고등학교 교육성과를 하향시키는 원인이라는 입장을 표명하는 계층이 확산되고 있다.

입시정책의 또 다른 차이점은 학생들의 학교선택권 문제이다. 국가의 교육정책은 공교육으로부터 소외되지 않도록 학생들을 균등하게 교육시키는 데 있다는 차원에서 평준화 정책에 대하여 찬성의 입장을 표명할 수 있다. 그러나 헌법과 교육기본법 등에는 학생 자신이 스스로 학교를 선택해서 자유롭게 입학할 수 있는 제도를 명시하고 있다. 특히 사립학교는 설립자나 단체의 독특한 교육이념과 목적을 가지고 설립되었음에도 평준화 제도는 이런 취지를 제대로 살리지 못하게 하였다. 한국의 사립학교는 중등 이후의 교육단계에 집중되어 있는데, 2003년 평준화 적용 지역의 전체 고교의 55.2%가 사립학교이다. 결국 사립학교에 배정된 학생과 학부모는 배정학교에 대하여 갈등을 느끼게 되고 이는 학교에 대한 만족도를 하향시켜 학교교육의 성과를 감소시킬 소인을 가지게 된다고 볼 수 있다. 한국은 전통적으로 "관"의 위상이 "사"에 비하여 높다고 믿는 사고가 지배적이라고 볼 수 있는데 이는 유교국가의 전통에서 온 것이다. 이런 문화적 관습이 정치적 결정과 작용하여 평준화 입시제도를 탄생시켰다고 본다. 이스라엘은 민족 간 문화의 차이로 인한 갈등은 존재하지만 학생들은 경쟁으로 학교를 선택하는데 정부는 민족 간 격차를 좁히기 위한 교육정책 수립에 노력하고 있다.

한국의 사립학교는 1970년 232개교로 전체의 56.9%를 차지하고 있었으나 1980년대 후반부터 점차 공립학교의 점유율이 향상되면서 2000년 이후부터는 공립비율이 사립보다 많아졌다. 이는 사립학교 수가 감소한 것이 아니라 공립학교의 신설에 비하여 사립학교의 신설이 정체 또는 둔화되었기 때문이다. 이와 같은 현상은 향후 한국 교육정책에서 연구하여야 할 과제로 본다. 이스라엘의 사학은 주로 종교학교로 이는 1980년대까지 감소하다가 이후 증가추세로 전환하여 현재 20% 선에 머물고 있다. 이런 현상은 복합적 요인들이 작용했다고 본다. 그러나 이 연구 과제를 중심으로 할 때, 이스라엘의 사립학교는 유대민족의 전통문화 계승을 위하여 민간단체의 자발적 참여를 정부가 유도하는

것으로 판단된다. 공교육을 주도하는 정부가 사회통합을 주도하는 입
장에서 유대민족과 아랍민족의 종교적·교육적 차별을 사학에 의뢰하
였다고 볼 수 있다. 따라서 이스라엘 정부는 자연스럽게 사학에 대한
간섭을 배제하고 유대민족의 선민사상을 바탕으로 전통문화 교육을 강
화하도록 재정지원을 할 수 있다. 이는 아랍민족을 위한 아랍 종교학
교가 없다는 점에서도 알 수 있다.

학생의 성비율에서 한국은 여학생이 1970년 45%를 차지하고 있으며,
학교유형에서는 사립보다 공립의 여학생 비율이 약 4% 정도 높았다.
그러나 2003년에는 공립이 48.7%, 사립이 46.7%로 비슷한 수준에 있다.
이스라엘의 유대학교에 등록된 14-17세 여성인구 중 여학생은 1980년
86.5%에서 2000년 98.2%로 완전취학에 접근하고 있다. 이에 비하여 남
학생은 1980년 72.9%에서 2000년 92.9%로 향상되었으나 여전히 여학생
등록비율이 남학생보다 높다. 아랍학교도 1990년 이후부터 여학생 등록
률이 남학생보다 높지만 유대학교에 비하여 약 15% 정도 낮았다. 이스
라엘의 국가정책은 "교육을 통한 사회통합"에 교육목표를 둔 "용광로
정책"을 시행하고 있고, 이를 달성하기 위해서는 양성평등교육을 실시
해야 했다. 특히 사회적으로 모계의 영향력이 큰 점도 작용했다고 본다.
〈표 39〉는 일반 고등학교의 제반 교육여건을 비교한 것이다.

〈표 39〉 한국과 이스라엘의 일반 고등학교 교육여건 비교

구 분	일반교교 학생비율	학급당 평균 학생 수	교원당 학생 수	학급당 평균 수업 시수	학생당 공교육비	공공 : 민간투자의 상대적 비율
한 국	63.9	44.1	20.9	36	4,410	80.8 : 19.2
이스라엘	57.5	26.9	12.7	37	5,518	94.1 : 5.9

주) 1) 2000년 기준 자료. 학생 1인당 공교육비는 2000년 미국 달러의 PPP 환산액임.
　　2) 한국의 교육예산 중 초등교육비는 1998년 자료임.
자료: 1) http://www.cms.education.gov.il 2000-2004년 자료에서 발췌함.
　　　2) 교육인적자원부(2003). **통계로 본 유·초등교육.** 서울: 한국교육개발원.

이 표를 보면 학교당 학생 수에서 한국은 1980년대에 "과대학교" 양상을 보이기 시작하였으며 1996년 OECD에 가입하면서 학급당 학생 수 감소를 위한 교육정책으로 2000년대에 들어 평균 1,000명 이하로 낮아지는 면모를 보였다. 동시에 과밀학급 현상도 호전되어 학급당 35명을 유지하게 되었다. 이에 비하여 이스라엘은 건국 초기부터 평균 300명 이하인 소규모 학교를 유지하면서 교육의 질적인 면에 관심을 가지고 관리를 하였다.

이스라엘의 일반고교에는 기숙학교 제도가 운영되고 있는데, 1984년 88개교로 전체 고등학교의 48%에서 1998년에는 70.7%로 증가하였다. 기숙학교는 정부지원에 의해 운영되는 국립학교로 어려운 가정의 자녀들과 문화적으로 격차가 있는 지역의 자녀들 중 영재를 교육하기 위한 일종의 보충 프로그램이다. 따라서 영재를 위한 기숙시설로 보는데 기숙학교가 증가하는 것은 곧 영재교육의 강화 정책으로 해석할 수 있다. 한국의 영재교육의 실상을 보면 한국은 일반 고등학교에서의 영재교육 프로그램은 없다고 보아야 한다. 단지 수업에서 "수준별 교육"프로그램을 학교 자체로 운영할 수 있도록 허용하고 있는 정도이다. 정부는 영재 또는 학생의 적성을 신장시키기 위해 "특수목적 고등학교"를 2004년 총 53개교 운영하고 있다. 여기에서 다른 점은 이스라엘이 일반학교에 영재를 위한 별도의 프로그램을 운영하도록 지원하는 데 비하여 한국은 소수의 특목고에서 별도의 교육과정을 운영한다는 점이다. 이스라엘의 일반고교는 엘리트 교육과정으로 건국 이전과 초기에는 초등학교 졸업자의 약 25%를 수용하여 교육하도록 하다가 1968년 신학제가 채택되면서 약 50%로 확대하였다. 현재 일반고교 학생비율은 57.3%로 이는 이스라엘 정부의 정책의지를 보여준다. 이에 비하여 한국은 일반 고교 학생비율이 1970년 53.4%에서 2003년 69.3%로 증가하였고, 학교 수는 45.9%에서 63.9%로 증가하였고 이런 추세는 현재도 계속되고 있다. 이는 일반고교 교육이 수월성보다는 평등을 기본으로 하는 교육정책이라고 본다.

한국의 일반 고등학교의 탈락률은 1970년 3.6%에서 계속 감소하여 2003년에는 1.4%를 보였다. 중도탈락 사유는 부적응 및 품행문제가 가장 높았으나 유학 또는 이민으로 인한 비율이 계속 높아져 2003년에는 가장 높은 26.1%를 차지하였다. 이러한 문제는 한국의 전통사회의 교육열과 문화, 그리고 학교교육이 제공하는 교육의 질과 무관하지 않다고 본다. 어떤 이유이던 한국 국민들은 조국을 떠나고 있으며, 유대인들은 이스라엘로 이주를 하고 있는 현상을 볼 때 양 국가의 교육열과 조국애의 다른 면모를 볼 수 있다. 교육기관에 대한 공공 대 민간 투자의 상대적 비중은 단계별로 구분하지 않고 초·중등을 통괄하여 제시하고 있는데, 이 중 공공부담 교육비의 최종재원은 이스라엘이 중앙정부 대 지방자치단체가 67 : 33의 비율로 부담하고 있다. 이에 비하여 한국의 지방자치단체 부담률은 10% 미만에 머물고 있다.

한국의 교원학력은 학사학위를 대부분 소지하고 있으며 비학위교원이 약 3.5%를 차지하고 있다. 이에 비하여 이스라엘은 학위를 소지한 교원은 정규학교를 기준으로 할 때 약 75% 정도인데 이는 초·중학교에 비하여 상당히 높은 비율에 속한다. 민족별에서는 1990년대 중반까지는 아랍학교의 교원학력이 유대학교보다 높다. 이런 결과는 유대학교에 비하여 아랍학교 수가 적은 것과 아랍인들 중 고등교육 수료자들의 직업선택이 유대민족만큼 넓지 않다는 점을 시사한다.

이상과 같이 한국과 이스라엘의 일반고교 현황을 비교한 결과를 종합하면 일반고교의 교육목적이 대학진학이라는 점 외에는 대부분 차이를 나타내고 있다. 특히 이스라엘의 일반고교가 엘리트 육성을 위한 수월성 교육을 하고 있는 점과 경쟁에 의한 학생선발을 하고 있는 점은 한국과는 대조적인 차이를 보였는데, 구체적인 비교내용은 〈표 40〉과 같다.

〈표 40〉 한국과 이스라엘의 일반 고등학교 비교

구 분	한 국	이스라엘	비교특징
교육목적	대학 진학	대학진학과 엘리트 양성	이스라엘 – 엘리트로 간주
교육정책 특성	중학교 졸업생의 약 70% 수용	중학생의 약 50% 수용	이스라엘 – 의도적 통제
학교선택권	보장되지 못함	선택권이 보장됨	이스라엘 – 선발경쟁
학급당 학생 수	약 44명	약 27명	이스라엘 – 교육의 질 추구
학급당 교원 수	약 2.1명	약 2.5명	이스라엘 – 전임제만의 수치
사학 비율, 정책	48%, 규제적임	17%, 지원적임	이스라엘 – 증가경향
입시제도	내신에 의한 무시험 진학	선발시험에 의함	이스라엘 – 경쟁 치열

(다) 실업 및 종합학교

한국의 실업교육은 중앙정부의 다른 부서와 관계없이 교육인적자원부가 모두 주관하고 있다. 그러나 이스라엘의 실업교육은 1962년 이전까지는 노동부가 주관하였고 그 후 법률 개정으로 실업교육은 교육문화체육부가 주관하고 직업교육은 노동사회복지부가 주관하는 이원화체제를 가지고 있다. 즉, 한국의 실업교육은 이론과 실기를 학교에서 교육하는 데 비하여 이스라엘은 기능 위주의 직업교육은 노동부가 주관한다. 그러나리 행정적으로는 정부의 감독을 받고 있다.

한국과 이스라엘의 실업교육은 설립 초기부터 국가경제 발전을 위한 기능인력 양성을 위해 그 역할을 충실하게 이행하였으나 산업구조의 변화에 따라 1980년대 이후부터 급격히 감소하였다. 이런 현상의 배경에는 산업구조의 변화가 가장 큰 원인으로 작용하였지만, 이에 못지않게 일반고교로의 진학 욕구도 작용하였다고 본다. 특히, 이스라엘은 일반 고등학교를 일성한 수준에서 규제하는 교육정책을 유지하면서 일반고교로의 진학에 대한 갈등이 상존하였다. 이런 이유들이 복합적으로 작용하여 신설된 고등학교는 모두 종합학교인데, 〈표 41〉은 두 나라의 실업계 학교현황을 보여준다.

〈표 41〉 한국과 이스라엘의 실업계 · 종합학교 변화현황 비교

구 분			1950	1960	1970	1980	1990	2000	2003
한 국	실업계	학교 수	-	312	481	605	587	764	734
		학생 수	-	172,436	275,015	764,187	810,651	746,986	542,077
	종합학교	학교 수	-	18	79	-	195	214	206
		학생 수	-	-	-	-	-	-	-
이 스 라 엘	실업계	학교 수	26(0)	126(1)	305(17)	370(33)	382(45)	108(4)	126(18)
		학생 수	2,002	15,206	59,049	79,228	-	132,017	138,361
	종합학교	학교 수	-	-	90(0)	164(12)	222(32)	377(58)	382(59)
		학생 수	-	-	30,845	57,772	-	188,079	189,841

주) 1) 한국의 1960년 자료는 1965년 자료임. 이스라엘의 1950년 자료는 1949년 자료임.
  2) 이스라엘의 ( )는 아랍 민족만의 수치이며, 학교분류 중 구 학제에 따른 통계
     는 제외.
자료: 1) 교육인적자원부(2003). **통계로 본 우리교육.** 서울: 한국교육개발원.
   2) 문교부. **문교통계.** 1965-70년도 자료에서 발췌함.
   3) http://www.cbs.gov.il(2003).

이스라엘의 종합학교는 1960년대에 신설되었으며 1980년대를 전후하
여 급격한 증가 추세를 보이고 있다. 이는 기존의 실업학교가 인문과
정과 직업과정을 동시에 운영하는 종합학교로 개편됨에 따른 결과로
공업계와 농업계 모두가 이 정책에 편승한 현상으로 보인다. 따라서
2003년도에는 유대학교 중 농업계 학교는 2개교에 3,324명이 재학하고
있고, 아랍학교는 1990년대에 이르러 모두 종합학교로 개편되면서 자
취를 감추었다. 유대학교 중 종합학교는 2003년 전체 실업계 학생의
약 1.4배에 달하는 성장을 하였다. 또한 종합학교의 증가 추세가 유대
및 아랍학교 모두에서 비슷하게 일어나고 있는 점이 지금까지 민족별
학교에서 보여준 양상과는 달랐다. 한국도 이스라엘과 유사한 양상을
보이고 있는데 종합학교는 1965년 전국에 18개교를 시작으로 꾸준히
증가하여 2003년에는 206개교로 전체 실업계 학교의 27.8%를 점유하
고 있다. 이런 발전의 배경에는 그간 경제문제로 부득이 실업계로 진

학한 학생들에 대한 대학진학 기회확대와 실업교육 강화라는 양면이
상호 복합적으로 작용했기 때문이다. 한국과 이스라엘의 교육정책에서
나타난 차이점은 한국이 종합학교를 실업학교로 분류하고 있으나 이스
라엘은 일반고교로 분류하여 통계를 제시하고 있다. 이는 종합학교에
대한 시각을 긍정적으로 보도록 하려는 점과 갈등을 둔화시키려는 이
스라엘 정부의 의지로 본다.

한국의 실업학교 규모를 보면 학교당 평균 학생 수는 1970년 572명
이었으나 학생증가로 1975-2000년 이전까지는 1,000명을 넘는 과대학
교 현상을 보이다가 이후부터 감소하여 2003년에는 739명이었다. 이와
병행하여 학급당 학생 수도 1990년대까지는 50-60명대에 있었으나 90
년대 이후 계속 감소하여 2003년에는 31.0명을 보였다. 그러나 이스라
엘은 현재 23명 선에 있으며 교원당 학생 수에서도 한국에 비하여 유
리하다. 이와 같은 교육여건을 제시하면 〈표 42〉와 같다.

〈표 42〉 한국과 이스라엘의 실업계 고등학교 교육여건 비교

구 분	실업학교 학생비율	학급당 평균 학생 수	교원당 학생 수	학급당 평균 수업시수	학생 당 공교육비	공공 : 민간투자 의 상대적 비율
한 국	36.1	40.3	18.2	36	4,440	80.8 : 19.2
이스라엘	42.5	23.0	12.5	42	5,518	94.1 : 5.9

주) 1) 2000년 기준 자료. 학생 1인당 공교육비는 2000년 미국 달러의 PPP 환산액임.
자료: 1) http://www.cms.education.gov.il 2000-2004년 자료에서 발췌함.
    2) 교육인적자원부(2003). 통계로 본 유·초등교육. 서울: 한국교육개발원.

한국의 실업교육에서 중도탈락률은 일반학교보다 높은 4-5%대를 계
속 보였으며 특히, 여학생의 탈락률이 증가하고 있다. 품행과 부적응이
가장 큰 이유로 전체 중도탈락 학생의 54.1%를 차지하고 있는데 이는
2003년에도 52.3%로 줄지 않고 있다. 지역적으로도 도시와 지방 모두
높은 비율을 나타내고 있는 점은 외형상 완전 진학에 가까운 99%를

나타내고 있지만 내적으로는 학교 부적응이 중도탈락의 주원인이라는 점에 유의해야 한다. 이스라엘도 고등학교 전체로 볼 때 어떤 이유에서든지 매 학년마다 약 5% 정도의 학생들이 입학한 학교를 떠나고 있는 문제점은 한국과 유사하다.

교육과정 운영에서 이스라엘의 실업교육은 약 50% 정도의 일반교과를 주로 오전에 이수하도록 하고 오후에는 기능 위주의 직업교과를 배정하고 있다. 이수단위는 주당 평균 42단위로 일반고교보다 많다. 설립유형별로는 국립 실업학교가 40단위, 종교학교가 44단위를 이수하도록 하고 있는 점을 볼 때 종교학교와 사립학교의 교육과정은 비교적 자유롭다. 그러나 행정에 대한 지도와 감독은 교육문화체육부가 감독을 하고 있다. 이에 비하여 한국의 실업학교는 공립과 사립 모두 국가교육과정에 따라 운영하도록 규정하고 있으며 주당 이수단위는 36단위로 이스라엘보다 적다. 교과편성은 일반교과와 직업교과를 혼성으로 편성하여 운영하는데 이는 교사의 신분과도 관계된다고 본다. 즉, 이스라엘은 시간제 교원이 약 45%를 차지하기에 일반교과와 기능교과를 오전과 오후로 안배할 수 있지만 한국은 전임제 신분을 가지기에 편성하지 못하는 것으로 볼 수 있다.

이상과 같이 한국과 이스라엘의 실업교육이 갖고 있는 문제점은 그 양상이 유사하다. 즉, 실업학교를 졸업한 후 갖는 직업에 따른 사회 인식과 일반고교로의 진학열망과 같은 점이다. 그러나 실업교육의 내실화 면에서는 이스라엘이 한국에 비하여 충실하다고 보는데, 이를 종합하면 〈표 43〉과 같다.

〈표 43〉 한국과 이스라엘의 실업 및 종합학교 특성비교

구 분	한 국	이스라엘	비교특성
교육정책	기능인 양성, 대학진학	기능인 양성, 대학진학	이스라엘－직업교육에 주력
실업교육 동향	감소현상을 보임	감소현상, 종합학교로 개편	이스라엘－종합학교로 전환 한국－일반학교로 전환
종합학교 개념	실업학교로 분류함	일반학교로 분류함	이스라엘－정착됨
중도탈락률	약 4-5%	약 5%	유사함
학급당 교원 수	약 2.2명	약 2.5명	이스라엘－여건 유리
학급당 학생 수	약 40명	약 23명	이스라엘－질적 향상 추구
이수단위	36단위	40-44단위	이스라엘－증가경향
교육과정 특성	일반·직업교과를 혼성 편성	산학 협동 프로그램 운영	이스라엘－교과와 기능을 안배
문제점	사회적 신분의 차이점	사회적 신분의 차이점	유사함

3. 비교분석준거 및 분석모형

　한국과 이스라엘의 사회적 배경과 교육을 비교한 결과 양국의 교육정책에서 나타나는 특징을 Bereday의 비교연구 모형을 중심으로 검토하면 다음과 같다.

　경제학 측면에서 보면 교육받은 인력을 경제발전을 위한 인적자원으로 보는 경향이 가중되고 있다. 이는 교육본질을 "목적"보다는 "수단"에 치중하는 것으로 볼 수 있다. 또한 교육의 기회균등을 위하여 재정을 확보한다는 의도가 정부의 정책으로 채택되고 있지만 이에 대한 현실은 정치와 교육에 대한 접근논리와 영향력 등의 차이로 인하여 한국과 이스라엘은 차이를 나타나고 있다. 이런 점들이 교육정책에서 수월대 평등 추구와 개인 대 사회 요청 등과 관계된다.

　인류학과 관련하면 종교와 문화적 경험이 다른 이질적인 민족들이 모여서 국가를 형성하고 있는 이스라엘과 단일한 민족과 문화를 가지

고 있는 한국은 서로 상대적 입장에 있다. 특히, 역사적으로 오랜 동안 시련을 겪은 이스라엘은 유대민족과 국가라는 이상을 실현하기 위하여 교육을 활용하는 정책을 구사하고 있다. 이런 원인들이 작용하여 교육 정책을 형성하고 집행하는 데 있어서 민족통일과 국권유지를 위해 다양성과 획일성을 조장하고 개인 대 사회 요청을 수용하는 방식을 잠정적으로 지배한다.

정치학 측면에서 교육정책의 결정과정에서 정치적 영향력은 각기 다르게 나타나고 있고 이는 교육정책을 결정하는 교육 외적변인으로 깊숙이 작용하고 있다. 즉, 정치 영향력이 교육을 지원 또는 통제하는 입장에 따라 교육성과는 달리 나타난다고 본다. 이는 중앙집권제와 지방자치제와 같은 행정체제와 관계되며 전반적으로 정치적 영향력은 교육정책의 모든 면에 영향을 미치고 있다.

사회학 측면에서 보면 이스라엘은 교육을 사회개혁의 도구로 활용하고 있는데 이는 "교육이 사회변화를 선도 한다"는 이론이 적용된 사례이다. 그러나 한국은 사회가 교육을 이끄는 일반적 현상이 나타나고 있다. 이런 점들이 개인 대 사회 요청, 전통 대 현대 가치를 추구하는 교육정책에 영향을 주고 있다.

역사학 측면에서 보면, 사회의 제반 문화와 관습 등은 역사적 경험에 따라 형성되고 이는 시대에 따라 변화하면서 사회제도의 하나인 교육제도를 형성하고 발전하였다. 따라서 현재의 교육정책을 살피기 위해서는 과거의 정치, 경제, 사회, 문화 등을 고찰해야 한다. 이런 점에서 교육정책은 전통 대 현대, 개인 대 사회, 수월 대 평등의 개념과 요청을 수용하는 양상을 달리했다고 본다.

이상과 같은 관점에 유의하면서 한국과 이스라엘의 사회적 배경과 교육현황을 비교하였을 때 나타난 특징은 주로 전통문화를 계승하기 위한 사회적 관심과 정치적 후원이었다. 또 교육이 추구하는 본질이 개인과 사회 중 어디에 우선하고 있는지를 교육목적에서 서술하고 있고 이에 따라 수월성 교육을 추구하는 경향이 다르게 표출되고 있다. 이와 같은 특징들을 바탕으로 한국과 이스라엘의 교육정책을 비교분석하기 위한 분석준거를 추출하였다. 그리고 분석준거는 교육정책 목표가 추구하는 "가치"를 중심으로 추출하였다.

　① 전통 대 현대 가치
　② 개인 대 사회 요청
　③ 목적 대 수단
　④ 수월 대 평등교육
　⑤ 정치 대 교육 관계

　이상에서 추출한 분석준거는 용어가 내포하고 있는 개념이 상대적 또는 상보적 관계에 있는 것들을 기준으로 하였다. 이는 비교분석을 위해서는 대립된 개념을 갖고 있을 때 비교분석이 용이함과 동시에 또한 비교의 선명성을 부여받을 수 있다고 보았기 때문이다. 이와 같이 추출한 분석준거들에 대한 개념과 내용을 개괄적으로 정리하면 다음과 같다.

　① 전통 대 현대 가치 - 교육은 과거에서 시작되어 현재의 모습으로 정착되었다. 따라서 과거의 문화유산이 시공을 초월하여 현존하는 사회제도 속에서 교육이라는 이름으로 계승되고 있는 셈이다. 이런 맥락에서 교육은 민족 또는 국가의 문화와 전통이 저변에 존재하고 있으며 이는 국가의 위상을 표현하는 잠정적 표상으로 존재하게 된다. 한 예로 한국이 "동방예의지국"으로 호칭되었던 것은 한국을 바라본 외국인의 시각 속에서 나타난 표상으로 여기에는 한국인의 정서가 담겨져 있다고 본다. 이와 같은 시각을 갖게 한 원인은 한국인들의 문화와 전통에 따른 일상적 생활을 보고 판단한 것이다. 또 하나로 한국의 문화를 "빨리 빨리" 문화로

표현하고 있다. 이 역시 한국인들의 조급한 성격과 행동을 보고 표현된 것으로 오랜 전통과 문화 속에서 형성된 국민성이라고 본다. 이처럼 한 국가의 문화와 역사는 전통적인 가치를 내재하고 있고 이는 교육에서도 나타나고 있다. 현대사회는 급격히 변화하고 있으며 이에 알맞게 각종 제도와 정책은 개선되고 있다. 역으로 보면, 급격한 변화를 예측하고 교육을 실시함으로써 교육이 예정한 방향으로 사회변화를 선도할 수 있다는 것이다. 이와 같은 측면에서 보면 교육은 현재에서 미래를 예측하고 이를 위해 교육하도록 해야 한다는 점도 필수적으로 요청된다. 이처럼 교육은 과거와 현재를 모두 반영해야 하는 양면성을 갖고 있는데 과거를 계승하기 위한 교육적 가치를 전통으로, 현재의 실상 또는 문제해결을 추구하는 것을 현대로 정리하였다. 이 연구와 관련해서는 교육이념과 목적, 교육과정, 학교제도 등에서 나타나고 있는 전통유지를 위한 내용과 미래지향적인 교육내용들을 중심으로 분석하였다. 결론적으로 교육정책이 추구하는 전통 가치는 국가정체성을 형성하는 변인으로 이후의 교육정책에 지대한 영향을 준다고 보았다.

② 개인 대 사회 요청 – 교육은 개인의 욕구를 충족하기 위하여 시작되어 사회의 요구를 충족시키려는 의도가 가미된 현재의 공교육 형태를 갖추게 되었다. 따라서 근본적으로는 교육은 개인을 중심으로 이루어진다. 이런 점에서 교육제도와 교육과정은 개인의 요구를 우선하여 편제되어야 한다. 그러나 공교육은 개인과 더불어 사회 또는 국가를 위하여 교육을 실시해야 한다는 명제도 갖고 있다. 이런 측면에서 교육이 사회변화의 촉매가 되기도 하고, 역으로 사회변화에 따르는 교육이 되기도 한다. 전자의 경우는 교육이 사회 요청을 우선하는 것이며, 후자는 개인 요청을 우선하는 것이다. 그러나 교육본질은 이들 양자가 적절히 조화를 이루

어야 한다는 것이 교육학에서 추구하는 교육이상이다. 사회주의 국가란 사회 요청을 우선하며 개인 요청은 후순위이거나 사장되는 경우를 의미하고, 민주주의 국가는 개인 요청을 기본으로 하고 국가정체성을 확립하도록 사회 요청을 동반한다. 이와 같은 측면에서 보면 개인 요청은 자아형성을 위한 것으로 교육본질에서 "목적"을 추구하고 있고, 사회 요청은 "수단"에 치우친 성향을 가진다고 볼 수 있다. 이 연구에서는 교육이념과 목적에서 추구하는 가치가 이들 양자 중 어느 것을 우선하는가를 분석하며 이는 교육본질과 수월성 교육과도 관계된다.

③ 목적 대 수단 – 교육본질은 추구하는 가치에 따라 "목적"과 "수단"으로 구분된다. 퇴계는 학문의 근본 목적은 "수신"에 있다고 하였는데 이는 교육을 통하여 개인의 심신을 계발하여 군자로서의 인격을 완성하는 데 둔다는 것으로 풀이할 수 있다. 그러나 율곡은 학문의 목적은 "수신"에 있지만 동시에 "경세치용"도 병행해야 한다고 하였다. 이를 종합하면 학문의 일차적 목적은 "수신"이고 이차적 또는 최종 목적은 "경세치용"이라고 볼 수 있다. 이와 같은 입장은 교육의 기능과도 관계된 것으로 양자 중 어디에 중심을 두었는가에 따라 교육성과는 국가경제 발전에 영향을 준다고 본다. 그리고 이런 주장에 따라 형성된 교육정책은 교육예산, 교육비 부담 주체, 교육시설 및 사립학교 정책 등에서 양상을 달리 나타내고 있다. 이와 같이 나타난 현상은 한국의 유교와 이스라엘의 유대교가 형성한 사회문화의 특성과 관계가 있다.

④ 수월 대 평등교육 – 교육은 개인의 요청과 사회의 요청을 함께 수용해야 한다. 개인의 요청에 따른다는 것은 개인이 원하는 교육내용을 제공해야 한다는 점에서 개인적 가치를 추구한다고 본다. 따라서 개인의 욕구를 충족하도록 교육내용, 교육과정, 교육수준 등을 고려해야 하며 이는 궁극적으로 교육정책은 개인의 학습수

준을 배려하여 수립될 필요성을 제기한다. 이를 일반적으로 수월성 교육이라고 하며 이때 학습자는 교육대상인 동시에 학습의 주체가 된다. 이와는 상대적으로 국가 또는 사회의 요청에 따라 교육을 실시하는 것은 학습자를 교육대상으로 한다는 점은 동일하지만, 학습의 주체가 학습자보다는 국가 또는 사회라는 점이 다르다. 이는 국가 또는 사회가 요구하는 국민을 의도적으로 교육시키기 위하여 실시한다는 점에서 학습대상은 국민 모두를 대상으로 한다. 즉, 의무교육은 모든 학습자에게 균등한 교육기회를 제공하여 최소한의 수준에 도달하도록 한다는 목적이 적용되고 있기에 이를 평등성 교육이라고 한다. 정리하면, 국민은 평등성 교육을 기반으로 하고 이 속에서 개인차를 고려한 수월성 교육을 실시해야 교육의 성과는 달성된다고 볼 수 있다. 이와 같은 수월성 교육과 평등성 교육은 교육과정, 입시제도, 교육본질 추구 등에서 나타나고 있는데 이는 대립적이기보다는 상보적 관계에 있다고 본다.

⑤ 정치 대 교육 관계 - 교육정책의 개념에서 기술하였듯이 교육정책은 형성과정에서 "정치적 결정과정"을 거치도록 되어 있기에 교육정책은 정치적 영향력하에서 벗어날 수 없다고 본다. 분석의 초점은 정치적 영향은 교육적 요청과 동일한 방향으로 작용할 수도 있고, 그 반대로 작용할 수도 있다. 이를 정치적 영향력의 순기능과 역기능으로 표현하였다. 일반적으로 정치적 영향은 사회전반에 작용하면서 상호 대립과 갈등 관계를 가진다고 본다. 특히 전통사회에서 발전한 현대사회는 다양한 사회단체가 존재하고 있으며, 이들이 요구하는 제도와 가치 등은 정부의 목적과는 상반된 입장을 주장할 수도 있다. 이와 같은 정치적 영향이 교육정책에 어떻게 작용하였는지에 따라 교육성과도 다르다고 본다. 중앙집권제와 지방자치제, 교육이념 설정, 국가교육과정, 교육본질

추구 등 교육정책의 모든 영역에서 정치적 영향력은 작용하고 있는 점에 유의하여 분석한다.

다음으로는 2장에서 제시된 일반적 분석준거와 추출한 분석준거를 조정하는 과정이 필요하다. 일반적 원리로 제시된 형평성·수월성·자율성·공익성은 사실상 포괄적이어서 보편타당성을 가진 의미로 특정의 가치를 언급하지 못하고 있기 때문이다. 이는 김종철(1966: 28-30)이 지적한 것과 같이 하나의 원리에는 다양한 가치 체계를 포괄하고 있다는 점에서도 일치한다. 하나의 예로 이스라엘은 교육목적이 "사회적 통합"에 있다고 하였다. 이를 원리에 따라 해석하면 "공익성"에 해당한다고 보이지만, 그러나 공익성의 무엇을 의미하는지는 해석에 따라 다를 수도 있다. 그러나 새로 추출한 분석준거로 보면 "전통 가치"와 "교육적 요청"으로 바로 비교분석을 할 수 있고, 그 의미도 포괄적이기보다는 직접적이기에 비교의 의미를 선명하게 나타낼 수 있다.

또 하나의 이유는 추출한 분석준거는 상대적 가치와 대비가 된다는 점에서 비교의 가치가 돋보인다. 일반적 분석준거를 적용했을 경우에는 수월성 가치가 "있다", "없다"로 분석할 수밖에 없다. 그러나 "수월과 평등"은 상대적인 가치를 표현하는 것으로 비교의 의미가 선명하게 나타난다. 따라서 추출한 분석준거가 일반적 분석준거에 비하여 비교적 의미가 있다고 보고 비교분석을 위한 모형을 다음과 같이 설계하였다. 그러나 이와 같은 분석준거는 어느 한쪽에 완전히 치우쳐 있다고 할 수는 없다고 본다. 즉, 분석결과가 "수월성 교육"을 우선한다고 하여 "평등교육"을 고려하지 않았다는 것은 아니라는 점이다. 수월성 교육은 기본적으로 평등교육을 충족시키면서 실시가 가능하다는 전제를 갖고 있다고 본다. 이와 같은 점을 고려하여 추출한 분석준거를 대입할 비교분석 모형을 다음과 같이 제시한다.

〈표 44〉 한국과 이스라엘의 교육정책 비교 분석준거

정책 영역 분석준거	교육이념 및 목적	교육과정	교육자원	교육제도 운영
전통 대 현대 가치				
개인 대 사회 요청				
목적 대 수단				
수월 대 평등교육				
정치 대 교육 관계				

Ⅳ. 한국과 이스라엘의 교육정책 비교

이 장에서는 한국과 이스라엘의 교육정책을 비교분석하는데 우선 교육정책 영역별로 분석하고, 각각의 교육정책 영역을 비교분석을 위해 추출한 다섯 개의 분석준거를 기준으로 동시 비교분석을 수행하기로 한다. 이는 양국의 교육현상에서 나타나고 있는 가치를 다양하게 분석하려는 의도와 비교결과에 대한 객관성을 얻고자 하는 데 있다. 그리고 이런 비교분석 결과를 종합하여 제시하기로 한다.

1. 교육이념 및 목적정책

이돈희(1998: 5-6)는 오천석의 글을 인용하여 교육이념은 "교육적 행위 전체를 지휘하는 근본원리"라 정의하고 이는 "기본적 교육철학", "최고의 교육개념"이라고 하였다. 김형관(1990: 16)은 "대학의 이념은 대학의 목적과 기능에 대한 일관된 사고방식을 의미하는 것이며 이는 대학의 존립 양식을 규정하는 근본 요소"라고 하였다. 또 대학의 이념은 "대학의 존립 가치 외에 대학의 상을 결정하며 그 사회의 이상을 내포하고 대학의 교육과정과 교수 및 학생지도 그리고 그 밖의 대학 운영 전반에 걸친 양상을 결정하게 된다"고 하였다. 또 각급 학교의 교육계획서에는 교육이념을 상위에 녕기하고 하위 영역으로 교육이념에 따른 교육목적을 제시하고 있으며 마지막 하위 영역에 교육목표를 기술하는 방식과 절차를 채택하고 있다. 즉, 교육이념→교육목적→교육목표의 순서로 의미와 범위를 정하여 사용하고 있다. 이러한 이론과 사실들을 근거로 할 때 교육이념을 교육목적의 상위개념으로 설정하고 있다고 볼 수 있다.

다른 측면에서 교육이념과 교육목적의 관계를 조명하면 김정래 (1998: 689-694)는 교육이 추구하는 가치를 내재적·외재적 가치로 구분하고 내재적 가치는 교육본질의 가치로 형이상학적인 가치를 추구하는 것임에 비하여 외재적 가치는 형이하학적인 것으로 구분하여 설명하고 있다. 이는 교육을 통하여 자신의 이상을 구현하는 것을 내재적 또는 형이상학적인 것으로 보는 것이며 개인의 행복을 추구하기 위한 경제적 소득과 같은 실제적인 것을 외재적 또는 형이하학적 가치로 보는 것이다. 이를 교육이념과 교육목적에 대비하면 교육이념은 내재적 가치로, 교육목적은 외재적 가치로 설명될 수 있다.

이상과 같은 내용들을 정리하면 교육이념은 교육목적을 수립하기 위한 상위개념으로 철학적 목적이 강한 기본 이상이며, 교육목적은 교육이념 구현을 위한 하위개념으로 수단적 성격에 해당된다고 할 수 있다. 따라서 교육을 통한 외재적 가치의 실현은 내재적 가치를 추구하면서 얻는 일종의 부수적 가치일 때 교육의 가치는 진실로 실현되었다고 본다. 이런 개념을 중심으로 한국과 이스라엘의 교육이념과 교육목적 정책을 비교하였다. 그러나 실제적으로 교육현장에서 교육이념은 교육목적 또는 교육목표라는 용어와 혼용하고 있다는 점에서 동의어로 사용되고 있는 점도 고려하였다.

가. 교육이념 정책

한국의 교육이념은 교육기본법 제2조에 "교육은 홍익인간의 이념 아래 모든 국민으로 하여금 인격을 도야하고, 자주적 생활능력과 민주시민으로서 필요한 자질을 갖추게 하여 인간다운 삶을 영위하게 하고, 민주국가의 발전과 인류공영의 이상을 실현하는 데 이바지하게 함을 목적으로 한다"고 명시하였다. 여기서 한국의 교육이념은 "홍익인간"

이며 교육목적은 이하에 기술하고 있는 내용으로 구분할 수 있다. "홍익인간"이라는 말의 어원은 삼국유사에서 유래하며 "널리 인간을 이롭게 한다"는 의미를 가지는데, 1945년 당시의 "한국 교육위원회"와 "조선 교육심의회"에서 토론을 거쳐 1949년 교육법에 최종 명시하게 되었다고 이돈희(1998: 5)와 최석태(1999: 12)는 기술하고 있다. 이스라엘의 국가이념은 "시오니즘"으로 하나님이 약속한 땅 팔레스타인에 유대국가를 건설해야 모든 시련이 끝난다고 믿는 사상이다. 이는 종교적 이념인 동시에 교육이념이다. 그리고 교육목적은 "아이들이 성장하여 윤리적, 종교적, 문화적, 정치적 배경이 다른 곳에서 온 사람들과 함께 공존하는 민주적이고 다원적인 사회의 책임 있는 구성원이 되도록 하는 것"이다.

이와 같은 교육이념을 분석하는 기준을 오천석(1973: 288-291)은 항구적 가치, 보편적 가치, 개인적·사회적 요청 및 민주주의 원리를 제시하고 교육이념은 이를 충족시켜야 한다고 하였다. 따라서 이 기준과 추출한 분석준거에 의하여 동시 비교분석 하였다.

첫째, 항구적 가치는 영속성 및 지속성을 의미하는 것으로 교육정책이 전통과 현대가 요구하는 가치를 어떻게 수용하고 있는지를 비교분석 하였다. 우선 "홍익인간"은 시대와 환경에 비교적 영향을 받지 않는 영속성을 지니고 있다. 인간이 어우러져 생활하는 사회는 태초부터 현재까지 집단을 이루면서 서로를 보호하며 생활하였다. 그리고 이런 집단의 안녕과 발전을 위하여 관습과 규율을 제정하면서 이를 계승하고 발전시키기 위하여 개인적으로는 가정교육을 집단적으로는 사회교육과 공교육을 실시하였다. 따라서 교육은 과거로부터 현대에 이르기까지 일맥상통의 고리를 유지하며 지속적, 반복적, 발전적으로 유지되었다. 유대인들의 시오니즘도 2000년이라는 세월 속에서 오직 조국 건설이라는 현실적 명제를 달성하기 위하여 교육을 실시하였다. 가족과 동족들이 흩어져 있는 상황에서도 적게는 가족끼리, 넓게는 동족끼리 모여서 시오니즘의 실현을 위한 가정교육과 학교교육을 하였다. 이스라엘은 이런 교육의 결과로 국가를 건설하였다고 신뢰하기에 유대민족은 교육을 가장 중요하다고 믿고 국가와 국민들은 교육을 위해 헌신적 투자를 하고 있다. 이런 점에서 한국과 이스라엘의 교육이념은 전통 가치와 현대 가치를 모두 수용하고 있다고 본다.

둘째, 보편적 가치는 국민의 합의 또는 공감대 형성에 따른 가치로 교육이념이 얼마나 실생활과 연계되었는가를 분석의 기준으로 하고 있다. 이러한 보편적 가치는 또한 내재적 가치와 외재적 가치를 충족시키고 있는 정도와도 관계가 있다. 환언하면 "교육정책은 개인 대 사회 요청을 어떻게 수용하고 있으며 교육본질이 목적과 수단 중 어느 것을 우선하고 있나"로 대체할 수 있다.

먼저 교육이념은 개인 대 사회 요청을 어떻게 수용하고 있는지에 대하여 오천석(1973: 285)은 한국의 교육이념은 보편적 가치를 충족시키지 못한다고 하였다. 즉, 홍익인간이라는 이념은 훌륭하지만 한민족의 생활과는 거리가 먼 이념으로 한국의 정치와 실생활에 반영되고 침투되지 못한 고립된 이념(이상)으로 존재한다는 것이다. 또한 박부권(1989: 26)은 교육이념은 "현 상태의 자연적인 결과로 나타난 것으로 이는 현 상태에 대한 불만감, 부족감 및 현재 사태가 직면한 난관을 기초로 설정해야 한다"고 하였다. 이와 같은 주장을 참고로 하면 광복 직후는 사회적·정치적 혼란이 가중되어 있었고 특히, 경제적 빈곤은 매우 심하였다. 교육과 관련해 보면 일본의 강점기 동안 미흡한 교육여건으로 문맹률은 높았고, 이를 후손에게 물려주지 않으려는 교육에 대한 열망 또한 팽배해 있었다. 따라서 "홍익인간"이란 교육이념은 국민적 공감대를 형성하지 못한 것이며 당시의 사회현실과는 유리된 하나의 이상으로 본다. 즉, 사회의 요청은 고려하지 않고 유학사상에 따른 개인의 요청만이 반영되었다고 본다.

이스라엘의 교육이념은 종교적, 국가적으로 동일한 이상이며 이의 달성을 위해 교육을 실시하여야 한다고 교육목적에 명시하고 있다. 교육과 종교와 국가를 하나로 보는 사고에 따라 교육이념과 목적 및 목표 등은 일관되게 제시되고 있다. 즉, 이스라엘의 교육이념은 사회와 국가와 민족이 갖고 있는 현실 문제를 타개하기 위한 목적을 제시하였는데 이는 국민적 합의가 성립된 것으로 사회 요청을 우선하는 교육이념이다.

"교육이념은 교육본질이 목적과 수단 중 어느 것을 우선 하는가"라는 명제로 접근하여 분석하면 한국과 이스라엘의 교육이념이 추구하는 가치는 보다 명료해진다. 개인 요청은 개인의 인격과 자유 및 권리가 외부에 예속되거나 구속을 받아서는 안 된다는 것을 강조하고 있다. 이에 비하여 사회 요청은 개인 요청과는 상반된 입장에서 보는 것으로 개인의 존엄성은 보장되어야 하지만 그로 인하여 사회가 혼란 또는 훼손되어서는 안 된다는 것으로 개인과 사회는 상보적 관계에 있는 점을 강조한다. 즉, 사회 요청을 우선하는 것은 개인 요청을 존중하는 것과 상통한다는 것으로 개인 요청과 사회 요청은 개념상으로는 상대적이지만 내용적으로는 상보적 관계에 있다. 여기서 개인 요청이란 결국 학문적 "목적"을 의미하며, 사회 요청은 실용적인 "수단"을 의미한다.

이러한 관점에서 한국과 이스라엘의 교육이념은 전반적인 면에서 개인 대 사회 요청을 모두 충족하고 있다. 그러나 한국의 교육이념에 비하여 이스라엘의 교육이념은 개인 요청보다는 사회 요청 즉, 목적보다는 수단이 강하게 표현되어 있다. 즉, 시오니즘은 국가건설이라는 명제를 갖고 있는데 이는 개인보다는 사회 요청의 시각이 더 크게 부각되어 있다. "학교는 개개인의 복지 향상보다는 사회적, 국가적 임무를 우선시하는 하나의 공공서비스 기관이다"라는 Elad Peled(1983: 185)의 설명은 이를 뒷받침하고 있다.

셋째, 민주주의 원리는 헌법에 명시한 사회질서의 기본 원리로 국가 정체성을 표명하는 핵심적 원리이다. 따라서 "교육정책은 정치 대 교육의 영향력을 어떻게 수용하고 있는가"라는 측면에서 분석하였다. 한국과 이스라엘은 민주주의를 표방하고 있는 국가로 교육이념도 민주주의 실현에 두고 있다. 한국의 교육이념이 민주주의 실현에 있다는 점을 "교육이념"의 설정 단계에서 찾아보았다. 이돈희(1998: 54-5)는 교육이념을 설정하던 1945-48년 당시에 민주교육을 열망하는 이유를 "지금까지의 구태로부터 탈피하여 민주주의를 실현해야 한다"고 하고 탈피해야 할 구태로 ① 전제주의 탈피 ② 일본에 의하여 형성된 식민 교육체제로부터의 탈피 ③ 구시대의 유물인 교육사상과 실제로부터의 탈피를 주장했다고 하였다. 여기서 문제를 제기하고자 하는 점은 "구시대의 유물"로 간주한 교육사상이다. "구시대"란 현재 이전의 시대를 총칭한다. 그럼에도 당시의 관련 학자들은 "구시대"를 단순히 일본 강점기로 국한하지 않았나 하는 의구심이 든다. 전제주의는 조선왕조 시대를 지칭한다고 보는데 이 시대의 교육사상은 유교에 터를 하고 있었고 이를 바탕으로 양반과 서민의 교육을 실시하였다. 앞에서의 설명이 구시대를 현재 이전을 지칭하는 것이라면 유교의 교육사상도 구시대의 유물에 해당한다고 본다. 이 점을 설명할 방도가 없음에도 한국의 교육이념을 구시대의 유물에서 유래한 "홍익인간"을 채택하고 있음은 전후가 모순된다. 또 하나는 민주교육 이념으로서의 "홍익인간"의 정당성 문제이다. 교육이념 제정 당시부터 교육이념이 비과학적이라는 주장과 함께 정당성에 대하여 이견을 제시였다는 점이다. 이와 같은 주장은 ① 홍익인간은 현실성이 결여된 추상적, 신화적 어귀로 비과학적 용어에 해당한다는 점 ② 서구의 민주주의 이념을 대신하려 했다는 점 ③ 특히 교육법 제2조에 명시된 교육목적이 탈 역사적, 탈사회적 문제가 있다는 점 등에서 학자들 간에 논란을 초래하고 있다(이돈희, 1998: 58). 이런 이유로 인하여 한국의 교육이념은 정치권의 필요와 학자들의 해석에 따라 "홍익인간"의 이념을 실천하기 위한 교육목적(이념)이 광복 후 수차례 변경되는 과정을 겪었다. 그러나 이스라엘의 교육이념인 "시오니즘"은 조국 건설이라는 목표와 국가의 정체성 유지를 위한 교육이념과 목표가 분명하게 표명되어 있고 이를 실천하기 위한 교육목적도 교육의 모든 단계에서 일관되게 유지하고 있다. 이는 유대사상과 유대교 및 유대인들의 공통된 이상인 "시오니즘"을 채택하고 있기 때문이며 또한 정치적 영향력은 교육이념을 달성하도록 순기능 역할을 하였다는 점이 한국과는 다른 입지라고 본다.

이상과 같은 내용으로 볼 때 "교육정책은 정치 대 교육의 영향력을 어떻게 수용하는가?"라는 관점에서 한국은 정치적 영향력이 교육본질이 추구하는 목적과 다른 역기능이 일부분 작용하고 있지만 이스라엘은 정치 대 교육의 영향력이 일관되게 교육이념을 유지하도록 순기능 역할을 하고 있고 그 강도도 한국에 비하여 전통적인 보수 성향을 나타내고 있다고 본다.

나. 교육목적 정책

한 국가의 교육이념은 교육목적을 통하여 추진된다. 따라서 국민들은 교육목적에 지대한 관심을 가지는데, 이에 대하여 오천석(1973: 208)은 "국가와 민족의 미래를 좌우하는 중요한 사회의 기능으로 막대한 재원이 투입되고 개인적으로는 자녀의 미래를 좌우하기 때문"이라고 하였다. 따라서 교육의 궁극적 목적은 무엇이며, 어떤 기준에 의하여 설정되며, 누가 설정하는가? 등의 문제는 매우 중요한 사안이다. 이와 같은 교육목적을 시대와 지역에 따른 교육목적 정책과 교육목적이 추구하는 가치로 구분하여 비교한다.

(1) 시대와 지역에 따른 교육목적 정책

시대에 따른 교육목적을 분석하는 입장은 "교육정책이 전통 대 현대 가치를 포용하고 있는가"에 대하여 분석하였다. 교육은 인간생활과 밀접한 관계를 유지하면서 자연적, 무의도적, 비형식적 교육에서 필연적, 의도적, 형식적 교육으로 발전하였다. 따라서 교육은 시대의 변화와 더불어 추구하는 목적과 내용 및 방법도 변화하였다. 원시사회의 교육은 자연발생적으로 삶의 유지를 위해 가족과 부락을 중심으로 비형식적 교육을 실시하였다. 교육내용은 생활 자체이며, 교육방법은 선대의 체험을 후대에게 시연(試演)으로 전수하고 종족을 유지하기 위한 체험적 내용을 전수시키는 것을 교육목적으로 하였다. 따라서 원시사회는 생계유지와 가족 및 집단의 안전을 유지하기 위해서 집단의 관습과 전통유지 등을 강하게 요청하는 보수성을 갖게 되었다. 한국과 이스라엘은 4,000년이 넘는 민족의 역사를 가지고 있으며, 이런 역사성은 교육목적과 정책에서 보수성을 가지게 된다는 것을 의미한다. 역사적으로 한국은 약 700여 회가 넘는 외침으로부터 국가를 유지할 수 있었고 이스라엘도 2000년이라는 세월이 흐른 후에도 국가를 재건할 수 있었던 배경은 전통적인 가치관이 굳게 자리하고 있기에 가능하였다고 본다. 전통적인 것을 교육과 관련해 보면 이스라엘의 교육목적은 한국에 비하여 더 보수적이다. 즉, 한국의 교육이념과 목적에서 표방하고 있는 내용에 비하여 이스라엘은 민족주의를 강하게 언급하고 있으며 교육이념과 목적에는 국가건설과 유지라는 내용이 강하게 표현되어 있다. 이런 결과는 2000년 전에 형성된 유대민족의 종교적 목적이 그대로 계승되어 교육이념과 정책에 반영되었기 때문이다. 이와 같은 점에서 한국과 이스라엘의 교육목적이 내재하고 있는 가치는 전통 가치를 기저로 하고 있다는 점에서 시대적 변화와 무관하게 비교적 안정된 현상을 유지하는 유사점을 갖고 있다.

또 하나의 비교는 시대에 따라 발전한 교육사상의 배경이다. 이는 "교육목적이 교육 본질에서 목적과 수단 중 어느 것을 우선 하는가"를 내용으로 분석하였다. 이스라엘은 건국 이전부터 서양의 여러 나라에서 이주해 온 지식인들이 주축이 되어 교육을 이끌었다. 지리적으로 동양권에 속해 있지만 세계 각국에서 교육받고 생활해 온 이주민들의 경험을 바탕으로 주로 유럽의 영향력이 크게 작용했다고 본다. 영국에 의하여 신생 독립국가로 재탄생한 이스라엘은 영국의 교육사상 즉, Herbert와 Spencer의 "완전한 생활"에서 추구하는 "개인과 사회에 있어 생존가치의 비중에 따라 우선순위를 정해야 한다"는 교육목적의 영향을 받았다고 본다. 따라서 이스라엘은 국가 존속이라는 사회 요청을 우선시하는 교육목적 정책을 채택하였고, 한국은 유학사상에 따라 개인 요청인 인격형성에 비중을 둔 교육목적 정책을 채택하였다고 본다.

지역적으로 구분하였을 때 서양과 동양은 교육목적에서도 차이는 존재한다. 동양은 유교문화의 영향으로 교육목적이 "수기치인"에 있다. 이에 비하여 서양의 교육목적은 시대와 교육 사상가들에 의하여 발전하였는데, 동양과 비교하면 "경세치용"과 같은 수단적 성격이 강하다고 볼 수 있다. 이를 보수성에서 비교하면 동양이 서양보다 보수적이라고 할 수 있다. 따라서 서양의 영향을 많이 받은 이스라엘의 교육목적도 변화를 겪어야 타당한데도 이스라엘의 교육목적은 일관되게 "시오니즘"의 반영하는 보수성을 일관되게 유지하고 있다. 일반적으로 동양의 사상과 교육관이 서양보다 보수적이며 유교 문화가 기독교 문화보다 더 보수적이라고 볼 수 있는데, 서양 문화와 유대교를 국교로 하고 있는 이스라엘의 교육목적은 동양권에 속하며 유교문화를 가진 한국보다 더 보수적이라고 할 수 있다. 이는 기독교에 비하여 유교와 불교가 타문화를 비교적 수용한다는 점과 같은 맥락에서 설명할 수 있다.

(2) 가치추구에 따른 교육목적 정책

교육은 시대의 변화와 함께 발전하면서 당시의 인간생활과 사회가 추구하는 이상을 반영하였다고 볼 수 있다. 교육은 생존을 위하여 자연발생적으로 인간의 본능에 따라 시작되었고 현대에 이르러 국가가 국민들에게 교육을 시키는 것은 개인의 삶이 행복을 누리도록 하는 동시에 국력을 향상시켜 국가유지를 선명하게 하려는 의도가 복합되어 있는 것이다. 이처럼 양자 간의 논리는 교육의 수혜대상이 개인과 사회라는 점에서 목적을 달리하고 있다. 이런 점에서 "교육본질이 목적과 수단 중에서 어느 것을 우선 하는가"를 중심으로 비교해 본다.

우선 교육본질은 개인의 가치추구를 충족시킨다는 학문적 목적을 갖고 있다. 이는 교육이 개인의 자아실현이나 능력을 계발하는 데 있다는 주장으로 이를 교육본질로 보고 있으며 "목적"으로 표현하고 있다. 이와 같은 주장은 개인의 가치가 사회 또는 국가의 가치에 우선하여 교육목적이 설정되도록 해야 한다는 것이다. 이와는 반대로 사회 또는 국가의 가치를 개인의 가치보다 우선해야 한다는 주장은 민족의 문화유산과 전통을 계승하도록 교육목적이 설정되어야 한다는 것인데, 이는 교육본질을 "수단"이라고 본 것이다. 이와 같은 주장은 교육받은 것은 사회와 국가를 위하여 실용되어야 한다는 주장으로 실학사상과 맥을 같이 한다. 따라서 교육의 본질을 학문적 목적인 "수신"보다는 실용적 목적인 "경세치용"과 같은 "수단"에 비중을 두고 교육을 실시하는 것이다.

이처럼 상반된 주장은 교육목적이 어디에 초점을 두느냐의 관점에서는 상대적이지만 궁극적 목적에서는 같다고 할 수 있다. 이런 관점에서 한국과 이스라엘의 교육목적을 비교하면 한국은 개인의 가치인 "목적"을 이스라엘은 국가와 사회의 가치인 "수단"을 우선하고 있다고 할 수 있다. 오천석(1973: 217)은 "동양의 유교적 교육은 루소나 페스탈로치 등이 주장하고 있는 서양의 진보주의, 아동중심 교육사조와 같은 맥락으로 교육목적이 개인의 가치추구를 우선하고 있다"고 하였다. 한국의 교육목적에서 나타나고 있는 내용은 개인의 자질계발과 인격형성을 이룩한 다음에 인류공영과 국가발전에 이바지하도록 단계적으로 설명하고 있다. 이에 비하여 이스라엘의 교육목적은 사회의 통합과 국가 건설을 위해 교육하도록 하고 있는데 이는 개인의 가치보다 국가와 사회의 가치를 우선하는 것이다. 즉, 이스라엘의 교육정책은 "새 이주자를 흡수하도록 교육제도를 조정하는 것과 그들과 사회 문화적 차이를 좁히는 가교 역할 및 유대인과 아랍인 사이의 보다 유연한 관계를 형성하는 것"이라고 하고 있다. 이처럼 이스라엘은 "교육을 통한 사회적 통합"이라는 교육목적을 설정하고 있는데 이는 교육이 "수단"으로 활용되고 있는 것이다.

김정래(1998: 694)는 교육목적의 사회적 가치는 특정 이데올로기가 교육목적 설정에 깊이 관여하고 있는 것은 명백한 사실이라고 하였는데 이스라엘 민족은 팔레스타인에 조국을 건설해야 한다는 종교 이데올로기가 영향을 미치고 있다.

최경남(2001: 3)과 이기동(1996: 27)은 "퇴계는 유학의 교육목적을 도덕적 인격 완성에 두고 있다"고 하였다. 따라서 한국은 유학 이데올로기의 영향으로 교육목적은 개인의 가치가 우선하는 "목적"을 추구하는 경향이라고 본다.

(3) 국가 교육목적과 사학의 교육목적

학교 유형을 구분하는 방법 중 하나는 설립 주체에 따라 구분하는 것으로 국·공립 및 사립이 이에 해당한다. 여기서 사립학교란 설립 주체에 따라 구분되는 교육기관으로 현재는 모든 국가들이 국·공립과 함께 공교육기관에 포함하고 있다. 국가가 교육이념과 목적을 설정한 것처럼 사학도 설립자(단체)에 의한 교육이념과 목적을 별도로 가지고 있다. 따라서 사학의 교육이념과 목적이 국가의 교육정책과 상반되지 않는다면 즉, 제반 법규에 위배되지 않는다면 사학의 교육이념과 목적도 존중해야 한다. 최운실(1988: 110-116)은 미국의 공립학교와 사립학교 교육이념은 크게 두 가지 서로 다른 이념을 근간으로 하는데 핵심은 사립학교가 자아실현에 비중을 둔 데 비하여 공립은 국민(공동체)육성에 중점을 두고 있다고 하면서, 이는 비록 상반된 이론은 아니지만 이 두 이념은 상호 대립과 갈등을 가지게 될 것이라고 하였는데, 구체적인 내용은 다음과 같다.

① 사학의 기저 이념: 학교는 가정의 연장으로 가족 및 지역 공동체적 가치를 강화시켜 주는 장으로 간주하는 입장이다. 즉, 학교는 부모의 교육적 의지를 실행시켜 주는 장인 동시에 공동체 문화를 차세대에 전수시키는 효과적인 장소이다. 이때 교사는 부모가 바라는 이상적인 자녀의 상을 자신의 자녀들에게 습득시켜 주는 부모 역할을 대행하는 존재로 간주된다. 이는 부모의 교육 선택권을 중시하고 그 선택은 다양한 방식으로 가능하다는 전제에 기초한다.

② 공립학교 기저 이념: 학교를 다양하고 이질적인 가정의 귀속적 결정 변수들의 영향권으로부터 학생들을 이끌어 내는 사회적 기제로 간주하는 입장이다. 즉, 출생이라는 우연적 요소에 의해 각 가정에 귀속이 결정된 학생을 사회라는 광역적 체제로 확산 및 유출시켜 가족의 영향권에서 미국의 주류 문화권으로 이속시키는 것이 학교의 역할이라고 보는 견해이다. 그 결과 사회적 이동이 가능해지며, 인종과 출신 배경 등 사회적 귀속요인과 같은 차등에 좌우되지 않는 공동체로서의 "미국인"이라는 정체감을 정립시켜 줄 수 있다는 이념이다.

이와 같은 교육이념을 참고로 할 때, 이스라엘의 사학(정통유대학교)은 유대문화의 전통을 계승한다는 공립학교 기저이념을 수용하고 있으며, 또한 학생과 부모는 자신들의 판단에 따라 사학을 선택할 수 있다는 점은 사학의 기저이념을 수용하는 정책이라 할 수 있다. 사립학교도 공립학교의 기저이념에 따라 "사회적 통합"을 실시한다고 인정하고 교육에 대한 자율권을 허용하며 재정을 지원하고 있다. 이에 비하여 한국은 헌법, 교육기본법 및 초·중등교육법에 의하여 설립을 허가받아 사립학교법에 따라 교육활동을 하고 있지만 공립학교의 기저이념만을 강조하고 사립학교 기저이념은 규제하고 있다. 특히, 종교이념에 따라 설립된 학교의 종교교육을 금하고 있는 현실은 교육이념과 목적을 사실상 상실하는 심각한 상황에 처해 있다. 손인수(1998: 37)는 근대학교의 설립정신은 국·공립은 처음에 개화의 요소가 뚜렷하였으나 점차 일본의 관료주의 및 동화정책으로 퇴색되었고, 종교계 학교는 기독교 정신과 민주주의 정신을 기초로 설립목적을 유지하였다. 그리고 일반 사학은 선진제국의 문물을 받아들이려는 개화사상으로 출발하였으나 일제의 침략과 더불어 민족주의 정신에 기반을 둔 교육목적을 갖게 되었다고 하였다. 이처럼 사학의 교육이념이 구국을 위한 교육목적을 갖고 출발하고 있었는데도 정부의 교육정책은 이를 후원하는 입장에서 규제하는 정책으로 전환되어 사실상 사학의 건학이념은 사장되었다. 이와 같은 점에서 이스라엘은 설립별 및 민족별 학교에서 각기 다른 교육목적을 실시하는 다양성을 발휘하고 있지만, 한국은 정부의 규제와 입시제도 등으로 인하여 다양성보다는 획일화된 교육을 실시하고 있다고 본다. 이상과 같이 비교분석한 내용들을 종합하면 다음의 〈표 45〉와 같은데, 한국과 이스라엘은 교육이념이 유사하다고 보였으나 이를 반영하는 교육목적은 대부분 다르게 나타나고 있고 이로 인하여 교육이 추구하는 궁극적 가치도 차이를 나타내고 있다.

<표 45> 한국과 이스라엘의 교육이념 및 목적정책 비교

구 분		한 국	이스라엘	비교특징
교육 이념	기본사상	홍익인간	시오니즘	유사함
교육 이념 설정 기준	항구적 가치	충족시킴	충족시킴	이스라엘 – 사실에 기초함
	보편적 가치	충족시키지 못함	충족시킴	한국 – 비현실성
	개인 대 사회 요청	개인 요청이 강함	사회 요청이 강함	이스라엘 – 교육이념에 내재됨
	민주주의 원리	적용함	적용함	유사함
목적 성향	성향	전통적 보수성	유대교의 강한 보수성	이스라엘 – 전통 강조
	가치관	개인가치 우선	사회가치 우선	이스라엘 – 교육목적에 명시
	교육 가치관	내재적 가치관	외재적 가치관	양국의 종교사상에 따름
목적 진술 체제	체계	비과학적	과학적	한국 – 추상적
	사실성	추상적, 비사실적 경향	구체적, 사실적 경향	이스라엘 – 현실 반영
사학 정책	교육이념 및 목적의 반영	명시적 가치. 공립학 교 기저이념만 강조함	사실적 가치로 존재. 양 기저이념 충족함.	한국 – 정부규제에 의하여 설립목적 상실

다. 분석준거에 의한 교육이념 및 목적정책 비교

(1) 전통 대 현대 가치

교육이념은 국가의 교육목적이 지향하는 형이상학적 지침으로 제반
교육정책은 교육이념의 영향 아래 형성 및 실시된다. 따라서 교육목적
도 교육이념에 따라 설정되는 종속적 관계를 가진다고 본다. 따라서
교육이념이 형이상학적인 "이상"으로 존재하는 데 비하여 교육목적은
형이하학적인 "실제"로 수단적 의미를 가진다고 본다. 이런 이유로 교
육이념과 교육목적은 동일선상에서 추구하여야 하는 일관성을 요구하
며 동시에 이들 양자는 분리해서 설명될 수 없다는 특성을 가지고 있
다. 이런 점에서 한국의 "홍익인간"과 이스라엘의 "시오니즘"은 교육
이념으로서 전통 가치와 현대 가치를 모두 수용하고 있다고 본다. 그
러나 내면적으로는 이스라엘의 "시오니즘"이 종교사상으로 한국의 유

교사상에 비하여 일관된 전통 가치를 강하게 표방한다고 본다. 한국과 이스라엘은 역사와 사회문화 등의 영향으로 전통 가치가 교육목적에서도 반영되고 있는데 이스라엘은 종교와 교육이 밀착된 관계로 전통 가치를 추구하는 경향이 한국에 비하여 더 보수적인 면모를 나타내고 있다. 또한 현존하는 다양한 사회문제를 해결하기 위해 교육을 실시한다는 교육목적을 볼 때 현대 가치도 강조하고 있다. 이에 비하여 한국의 교육목적은 진술체제가 비사실적이라는 이견이 제시되고 있는 점을 감안하면 현대 가치는 이스라엘에 비하여 미약하다고 볼 수 있다.

(2) 개인 대 사회 요청

국가이념은 기본적으로 교육목적을 지배하고 있으며 이런 현상은 교육목적 진술에서 다양한 방식으로 나타난다. 그리고 국민들은 이와 같은 교육목적 설정에 대하여 깊은 관심을 표명하는데, 이는 국가와 민족의 미래를 좌우하는 중요한 사회적 기능인 동시에 자녀들의 미래에 지대한 영향을 주기 때문이라고 오천석(1973: 208)은 밝히고 있다. 이와 같은 관심이 표면화한 하나의 현상을 "교육열"이라고 할 수 있다. 한국과 이스라엘은 "교육열"이 세계적으로 높은 국가에 속한다. 따라서 교육목적이 어떤 요청을 내포하고 있는가는 국민 모두에게 초미의 관심사인 것이다.

교육목적이 추구하는 가치 성향을 보면 한국은 개인 요청을 우선한다고 할 수 있는데, 한국은 유교문화가 오랫동안 지배하고 있었기에 이를 고수하려는 문화와 교육사상이 사회관습으로 계승되면서 전통적인 보수성향을 가지게 되었다고 본다. 그리고 이런 보수성향은 동시에 학문의 목적이 "수신"이라는 개인의 가치를 향상시키는 데 있다는 점을 강조한다. 이와 같이 한국은 유교사상에 따라 개인적 가치관을 존중하고 있는데 이는 교육목적에서도 개인 요청을 우선하는 경향을 나타내고 있다. 그러나 사학정책에서 보면 개인요청은 사회 요청에 의하여 상실되었다고 본다. 즉, 과도한 입시경쟁이라는 사회문제를 해결하기 위하여 사학을 평준화 정책에 포함하였다는 것은 사학의 독립성을 무시하고 사회 요청에 따라 적용한 것이라고 본다. 그리고 학생들이 선택할 수 있는 개인의 희망을 고려하지 않는다는 점에서도 개인 요청은 무시되었다고 본다.

이스라엘은 유대교 사상이 사회문화를 형성하고 있으며 이에 따른 영향으로 교육이념과 목적도 사회 요청을 우선하도록 하고 있다. 즉, 교육이념인 "시오니즘"은 조국을 건설해야 한다는 명제를 갖고 있는데 이는 개인적인 것보다는 사회적인 과제이다. 따라서 교육은 개인보다는 사회와 국가를 위하여 실시해야 한다는 의지를 교육목적에 갖고 있다. "사회적 통합"을 위해 교육을 실시한다는 교육목적은 이를 반영하는 것이다. 이와 같은 교육목적의 차이는 한국과 이스라엘의 "교육열"에서도 나타나고 있는데, 한국은 동일한 민족 간의 경쟁을 내용으로 교육열이 작용하는 데 비하여 이스라엘은 동족이 아닌 세계인을 상대로 교육열이 작용한다는 차이점이 있다.

이처럼 비교결과가 한국은 개인 요청이 우선하고 이스라엘은 사회 요청을 우선한다고 나타냈지만, 종합적으로 고찰하면 한국과 이스라엘은 개인 요청의 기반 위에 사회 요청을 달성하도록 교육목적은 진술하고 있다고 본다.

(3) 목적 대 수단

현대사회는 경제적 가치가 사회와 국제질서를 지배하는 신자유주의 경제논리가 팽배해 있으며, 이점은 교육에서도 적용되어 교육부서의 명칭이 개혁되는 현상을 초래하고 있다. 따라서 교육본질도 "목적"보다는 "수단"적 성격을 나타내게 되었다고 볼 수 있다. 한국의 교육이념을 지배하고 있는 유학사상은 교육본질을 "목적"에 두어야 한다고 퇴계는 주장하였고 율곡은 "수단"을 무시해서는 안 된다고 하였다. 교육본질을 "목적"에 두어야 한다고 주장하는 이론은 퇴계가 주장한 유학사상이다. 이를 현대의 교육용어로 설명하면 교육의 가치는 내재적 및 외재적 가치로 구분되고 내재적 가치추구는 "목적"에 해당된다. 외재적 가치추구는 "수단"으로 이는 비교교육학에서 논하는 "실용적 목적"과도 일치하는 것이다. 이런 관점을 바탕으로 비교분석을 하였다.

교육이념에 나타난 교육본질을 비교하면 한국의 교육이념인 "홍익인간"이 추구하는 가치는 "목적"에 해당한다고 본다. "널리 인간을 이롭게 함"이라는 의미는 도덕적 인간이 되어야 한다는 목표가 함축되어 있는 추상적·이상적 의미로 볼 수 있다. 따라서 교육목적은 도덕적인 인간을 육성하는 데 있다고 보았으며 이는 "수단"이 아닌 "목적"을 의미한다고 본다. 그리고 교육목적이 "인류 공영에 이바지 할"과 같은 이상적 표현을 사용하고 있는 점도 교육본질 추구가 "목적"의 성격이 강하다고 분석하였다. 이스라엘은 교육이념인 "시오니즘"은 "약속받은 땅에 조국을 건국 한다"는 의미를 갖고 있나. 이와 같은 교육이념은 현실을 논하고 있다는 점에서 교육본질이 "수단"의 성격을 가진다고 본다. 교육이념을 기저로 한 교육목적을 보면 "교육을 통한 사회적 통합"이라는 내용은 교육이 인간의 도덕성을 추구한다는 의미보다는 국가와 사회를 위해 봉사하는 인간을 육성한다는 현실적이고 사실적인 목표를 갖고 있다. 따라서 이스라엘의 교육이념과 목적은 "목적"보다는 "수단"의 성격이 강하게 표현되어 있다.

그러나 "수단"을 강조하고 있는 유학의 실학사상은 율곡이 주장한 것으로 이와 관련한 실학사상 교육관을 정약용은 다음과 같이 제시하고 있다(임무영, 1989: 48).

① 추상적이고 모순 된 것을 배제하고 구체적·실증적인 것부터 교육을 시작할 것.

② 개인의 지적수준과 능력에 맞는 교육을 시킬 것.

③ 교재에 대해 엄밀히 연구하고 선별할 것.

④ 체계적인 학습방법을 가질 것.

⑤ 교육제도의 전반적인 검토와 개선을 통한 교육기회균등 실현.

이와 같은 유학의 실학사상이 주장하는 교육관을 참고로 할 때 한국의 유학사상은 결코 서양과 이스라엘의 교육목적에서 나타나고 있는 교육본질보다 추구하는 가치체계가 미흡하다고 할 수 없다고 본다. 그러나 한국의 유학사상은 우여곡절에 의하여 편향된 모습을 나타내게 됨으로 인하여 이스라엘과 다른 차이점을 나타내게 되었다고 본다.

(4) 수월 대 평등교육

우선적으로 전제해야 할 점은 한국과 이스라엘의 교육이념과 목적정책은 평등과 수월성 교육을 모두 충족한다고 보아야 한다는 점이다. 이는 국가가 교육정책을 수립하는 과정에서 기본성격을 반영해야 한다는 당위성 논리에 따른 것으로, 만약 이것을 수용하지 않는다면 더 이상 논의할 가치는 없다고 보기 때문이다. 실제로 한국과 이스라엘의 교육목표와 장학 방침에서 "국민 모두의 능력과 적성에 따라……" 등으로 표현한 점은 평등 속에 수월성을 추구하는 교육을 강조하는 것이라고 본다. 특히, 공립과 사립학교의 구분과 같이 학생의 선택권을 보장하는 다양한 학교유형이 존재한다는 것은 수월성 교육을 보장하는 것이다. 또한 국가가 설립한 공교육기관은 국민 모두를 위한 교육기회균등 즉, 평등교육을 보장하는 것이다. 이런 점에서 이스라엘은 평등과 수월성 교육 모두를 포용하고 있다고 보는 데 비하여 한국은 학교를 선택할 수 없는 평준화 입시제도로 인하여 수월성 교육은 상당 부문 약화되었다고 본다. 특히, 사립학교의 교육과정이 국가교육과정을 채택하도록 통제하고 있는 점은 수월성 교육이 훼손되고 평등교육만을 강조하는 것이라고 볼 수 있다.

(5) 정치 대 교육 관계

한국의 교육이념인 "홍익인간"은 시공을 초월한 항구적 의미를 내포하고 있다는 점에서 채택 당시의 정치적 영향력이 적절히 작용하였다고 본다. 특히, 역사적으로 유교를 바탕으로 하고 있다는 점에서 이스라엘과 같은 종교적이며 민족적인 갈등의 소지가 없는 교육이념인 것이다. 그러나 이스라엘의 교육이념인 "시오니즘"은 국가의 현실적 문제를 해결해야 한다는 강한 의지를 내포하여 있다. 이를 한국과 비교하면 이스라엘의 교육이념은 유일신 사상에 따른 사회적 요청과 정치적 영향력이 작용하여 형성되었고, 교육정책은 이를 교육하도록 교육목적에 설정하였다. 즉, 사회적 요청과 정치적 영향 및 교육적 요청은 동일한 목적인 "시온이즘"을 목적으로 하고 있다. 그러나 한국의 교육이념은 사회적 요청보다는 정치적 결정에 따라 형성되고 교육정책은 이를 반영하지 못하고 있다고 본다. 한국은 광복 당시 사회적으로 교육욕구가 증가하고 있었고 경제적으로는 생계를 위협할 정도의 빈곤이 존재하고 있었다. 또한 정치적으로는 이념에 따른 분단으로 대치된 상황을 이루고 있었다. 이와 같은 현실을 교육이념에 반영하지 못하고 있다는 것은 사회의 요청인 교육욕구를 수용하지 못하고 정치적 영향력만을 반영했다고 본다. 한국의 정치체제가 당시의 사회와 교육적 요구를 반영한 만큼 민주적이지 못하였다는 전에서 행정기관 위주의 정치적 결정과정을 거쳐 교육이념이 수립되었다고 본다. 따라서 이스라엘은 정치적 영향력이 사회적 요청에 따른 교육적 요청을 수용하도록 지원하는 위치에서 교육이념을 설정하였고 한국은 사회적 요청에 의한 교육적 요구는 상실하고 정치적 영향만이 작용하였다고 본다.

이와 같은 교육이념을 구체화한 교육목적도 이스라엘은 "현실문제"를 해결하여야 한다는 사회적 요청에 따라 "다양한 이질적 집단의 사회화"를 교육목적으로 설정하였다. 그리고 정치적 영향력은 "교육을 통한 사회적 통합"이라는 정책적 목표를 설정하고, 후원하였다. 한국은 전통 사상에 따라 교육이념을 설정하고 이와는 별도의 교육목적을 설정하였다. 이에 대하여 박부권(1989: 8-9)은 "홍익인간의 교육이념을 실현하기 위하여 제시되고 있는 하위의 목적들은 Dewey의 교육사상과 상당히 유사하다"고 설명하였다. 이를 참조하면 한국의 교육목적은 교육이념의 종속적 관계를 벗어나 있으며, 한국의 사회현상과는 무관한 Dewey의 학설을 기반으로 했다고 볼 수 있다. 즉, 한국의 교육목적은 교육이념과 사회적 요청에 의한 교육목적과 무관하게 정치적 결정을 했다고 본다.

또 하나의 분석은 교육목적이 가진 항구성을 중심으로 하였다. 이스라엘은 교육목적을 설정한 이후 현재까지 일관되게 유지하고 있다. 이를 역으로 해석하면 교육적 필요성을 충족하고, 정치적 과정에 의한 동의를 얻었다는 것을 의미한다. 그러나 한국의 교육목적은 건국 후 집권한 정치권에 의하여 "반공", "경제발전" 등과 같은 내용으로 변질되는 과정을 거쳤다. 이는 사회적 합의가 이루어지지 않았다는 것을 의미하며 교육적이기보다는 정치적 목적에 따라 변질되었다는 것을 의미한다고 본다.

사학의 교육이념과 목적에도 정치적 영향력이 작용하고 있다. 한국의 사학들은 사회적 요청에 따라 교육적 이념과 목적을 갖고 설립되었다. 즉, 교육수요의 증가와 지식을 추구하려는 교육적 목적을 충족시키기 위하여 사학은 설립되었는데 인구증가에 따른 양적 성장을 담당하도록 정치적인 영향력이 사학설립을 권장하였다. 그러나 정치권의 변화에 따라 사학정책이 변하면서 사학의 교육적 역할은 혼란을 초래하였다. 이스라엘도 사회적 요청에 따라 사학이 설립된 후 정치적 영향에 따라 변화하였다. 비교의 초점은 한국은 정치적 영향이 역기능에 치우친 방향으로 설정되는 경향을 보이는 데 비하여 이스라엘은 정치적 영향이 교육적 요청과 일치된 순기능의 역할을 하고 있는 점이다. 이상과 같이 한국과 이스라엘의 교육이념과 목적 정책에 대한 비교분석의 내용을 종합하면 다음의 〈표 46〉에서 볼 수 있는 것처럼, 전통 대 현대, 수월 대 평등에서는 유사한 경향이 있으나 교육방법과 관련한 교육본질과 정치적 영향력에서는 차이점을 나타내고 있다.

〈표 46〉 분석준거에 의한 한국과 이스라엘의 교육이념 및 목적정책 비교

정책 영역 분석준거	분석내용		한 국	이스라엘	비교특징
전통 대 현대 가치	이념	기본사상	전통, 현대	전통, 현대	이스라엘 - 전통 강조
	목적	진술내용	전통		이스라엘 - 현대 강조
개인 대 사회 요청	이념	기본사상	양면 충족	양면 충족	이스라엘 - 사회 요청 강조
	목적	진술내용			
목적 대 수단	이념	기본사상	목적	수단	이스라엘 - 유대교 사상
	목적	진술내용			이스라엘 - 현실 중시
수월 대 평등 교육	이념	기본사상	양면 충족	양면 충족	이스라엘 - 평등교육 강조
	목적	진술내용			이스라엘 - 수월성 강조
정치 대 교육 관계	이념	설정과정	정치	정치, 교육	이스라엘 - 사회적 합의
	목적	설정내용			이스라엘 - 정치가 순기능 역할

이상과 같이 한국과 이스라엘의 교육이념과 교육목적 정책에서 나타난 차이점과 유사점을 비교하였으나 실제에서는 이를 구분한다는 것은 애매모호하다고 할 수 있다. 이는 교육의 목적이 기본적으로 개인과 사회 및 국가를 포괄하고 있기 때문이다. 그럼에도 이를 구분하여 비교한 이유는 교육이념과 목적이 차후에 비교할 교육과정, 교육자원 및 교육제도 운영 정책에 영향을 준다고 보기 때문이다.

2. 교육과정 정책

교육과정은 교육이념에 따라 설정된 교육목적을 달성할 수 있도록 교육내용을 선정하고 조직한 실제적인 교육활동의 지침이다. 따라서 한 국가의 교육과정 정책은 교육목적 달성을 위한 보다 세부적인 목적을 영역별, 교과별로 구성하고 이를 교수-학습활동에 활용하도록 한다. 따라서 교육과정 개발체제, 교과서 개발, 교수-학습 방법으로 구분하여 비교분석한다.

가. 교육과정 개발정책

한국과 이스라엘의 교육과정 개발체제는 국가교육과정 제도를 채택하고 있다. 따라서 교과목, 이수단위, 교과내용 등을 국가가 주도하고 있는데 이는 국가가 의도적으로 국민을 교육할 필요가 있다는 견해로 볼 수 있다. 한국은 광복과 함께 미 군정청에 의하여 교육정책을 수립하였는데 남과 북의 이념적 대립으로 국가 체제를 유지하는 데 최우선의 목표를 두었기에 모든 정책은 자연스럽게 국가가 주도하게 되었다고 본다. 더욱이 교육은 미래를 좌우할 청소년들을 육성하는 사안으로 그 중요성이 부각되었기 때문에 국가 주도의 교육과정 정책을 실시하였다. 이런 취지와 목적에 따라 국가 주도의 교육과정이 처음 설정된 후 경제적, 정치적 변화에 따라 총 8차에 걸친 교육과정 개정을 실시하였으며 현재는 7차 교육과정을 적용하고 있다.

이스라엘 역시 한국과 비슷한 정치적 입장에 있으나 그 배경은 한국과는 다른 특수한 상황에 있다. 즉, 다양한 문화를 경험한 이민자들의 융화와 다양한 종교를 가진 민족 간의 갈등을 해소하기 위하여 사회적 통합을 실현하는 것이 국가의 최우선 목표였다는 점이다. 따라서 이스라엘의 교육과정은 국가가 주도하지만 전문가 이외에 학부모도 일부 참여하도록 한다는 점이 한국과의 차이점이다. 특히 종교학교의 경우에는 학생과 학부모의 의견에 따라 교육과정을 일부분 개정할 수 있도록 허용하는 것은 한국의 교육과정 정책에서는 볼 수 없는 유연성이라고 본다.

이종승(2002: 1-4)은 일반적으로 교육과정을 개발하는 주체는 국가가 주도하는 경향이 세계적인 동향이며 특히, 민족주의를 우선하는 국가들의 경우에는 이런 경향이 강하게 나타난다고 하였다. 한국과 이스라엘은 민족주의를 표방하는 국가이기에 국가가 교육과정을 개발하는 정책은 마땅하다고 본다. 그러나 내면을 보면 한국에 비하여 이스라엘의 교육과정 정책은 유대문화와 전통을 계승하기 위해서 국가가 주도하는 목적이 강한 경향을 나타나고 있다. 이런 경향을 갖게 된 이유를 Elad Peled(1983: 185)는 "교육만이 이스라엘 사회의 제반 문제들을 해결할 수 있는 용광로이다. 따라서 국가는 교육에 대하여 최대한 지원해야 하며, 국가는 강력한 중앙통제를 해야 한다"고 하였다. 특히, 건국 이전부터 민족과 이념에 따라 설립된 다양한 취학 전 교육기관들의 무질서와 난립을 견제하여 견고하고 조화로운 미래의 교육 토대를 보장하기 위해서는 교육부가 지도와 감독을 해야 한다는 점을 강조하고 있다. 이와는 대조적으로 한국의 취학 전 교육기관은 주로 사인들에 의하여 설립·운영되면서 공통적인 교육과정이나 교재도 없이 교육활동을 하고 있다는 점은 국가정체성 확립에 장애요인이라고 본다.

또 하나의 특징은 이스라엘의 사립학교 교육과정은 국가가 관여하지 않는다는 점이다. 즉, 정통유대학교의 교육과정은 자율적으로 학교에서 개발하여 활용하고 있다. 이에 비하여 한국의 사립학교는 공립학교와 마찬가지로 국가의 통제하에서 국가가 편성한 교육과정을 준수하도록 규제하고 있다.

교육과정 개발을 국가가 주도하고 있다는 점은 교과서 개발도 국가가 주도하고 있다는 점을 시사한다. 한국의 경우 정부수립 초기부터 국정교과서에 의존하다가 점차로 검인정 제도를 확대하였다. 초등학교는 현재도 국정교과서를 발행하여 무상으로 공급하고 있으나 중등학교는 국어와 도덕을 제외하고 검인정 제도를 허용하고 있다. 이스라엘은 국정교과서가 보편화되어 있으며, 검인정 제도는 중등학교의 실기교과만 일부 허용하고 있다. 사학인 정통유대학교의 종교교육 교과서는 자유롭게 개발하여 사용하도록 허용하고 있다. 이와 같은 점에서 이스라엘의 교육과정은 전통 가치를 의도적으로 교육하고 있는 데 비하여 한국은 전통 교과는 대부분 상실되었다. 또한 개인 대 사회 요청에서 이스라엘은 개인 요청을 수용하기 위하여 선택교과를 확대하고 있으며 사회 요청에 따라 전통 교과를 필수로 지정하고 있다. 그러나 한국은 개인의 요청을 수용하도록 선택교과와 재량활동을 7차 교육과정에서 허용하고 있지만 대학입시 준비와 전임제인 교사신분 문제 등으로 성과를 거두지 못하고 있다.

교육이 경쟁력을 요구하고 있다는 점에서 수월성 교육은 중요한 역할을 한다. 이스라엘은 교육이 수월성을 추구하도록 각급 학교에서 다양한 분야의 영재를 선발하고 이를 수직선상에서 연계한 교육을 실시하고 있다. 또한 경제적으로 어려운 영재 학생들의 교육을 위해 기숙학교 시설을 제공하고 있다는 점은 수월성 추구와 동시에 평등교육을 실시하는 것이다. 평등교육에서 민족, 종교, 지역 등과 관계없이 이스라엘은 무상의무교육을 제공하고 있으나 유대민족 대 아랍민족의 평등교육은 일부 미흡한 부분이 있다. 한국은 보편적으로 평등교육을 강조하는 교육과정 정책을 실시한다고 본다. 교육과정에는 수월성 교육을 위해 선택 교과제도를 운영하고 있지만 제반 여건의 미흡으로 인하여 운영은 형식에 그치고 있다. 영재교육도 일반학교에서의 운영은 없다고 보며, 특수목적 고교가 수월성 교육을 실시한다고 하지만 이 역시 운영과 내용 면에서 대학진학 관계로 수월성을 충족하는 데는 미약하다고 본다.

교육과정 개발에서 "교육본질이 목적과 수단 중 어느 것을 우선 하느가"의 관점을 갖고 비교하면 한국의 교육본질은 학문적 목적을 우선하는 것으로 나타난다. 이로 인하여 학문이 인문과 사회에 편중되어 있으며 과학·의학·공학 등은 잡학으로 천시하는 사회적 경향을 갖게 되었다. 이와 같은 학문적 풍토로 볼 때 한국의 교육본질 추구는 "목적"에 치우친 경향으로 보아야 한다. 교육본질에서 "수단"이란 율곡이 주장한 "실학사상"과 맥을 같이 하는 것으로 신자유주의와 같다. 이스라엘 국민은 오랜 유랑생활로 인하여 교육본질이 추구하는 가치는 "수단"의 성격을 많이 갖게 되었다고 본다. 이런 취지에 따라서 인문학교는 설립과 양성을 정책적으로 억제하고 실업학교는 경제발전을 위한 인력양성을 위해 육성하는 정책을 구사하였다. 특히, 과학교육을 중시한 교육정책은 황무지 사막을 옥토로 바꾸어 경제적 풍요를 실현케 하였다. 그리고 세계적인 부호와 노벨상 수상자를 배출하는 교육성과를 발휘한 점은 교육본질에서 목적과 수단을 적절히 겸용하는 교육정책을 채택한 결과로 볼 수 있다.

나. 교수 - 학습 정책

교수-학습방법에 있어서 이스라엘 유치원의 교육과정은 언어와 수 개념을 포함한 기초교육에 중점을 두고 인지적·창의적인 능력을 촉진하며 동시에 사회적 능력을 조장하는 데 목적을 두고 있다. 그리고 언어의 정체성은 민족의 상징이기에 유아기에 적어도 둘 이상의 언어를 습득하도록 취학 전 교육에서 지도하지만 문자와 수의 개념을 교육하지는 않는다. 이스라엘은 유대 민족만의 독특한 교육 방식인 "헤브루타식" 교육을 하고 있다. 이는 독서와 토론을 중심으로 한 창의성을 개발하는 교육방법인데 수업을 지시적이 아닌 비지시적 방법으로 주제를 중심으로 한 대화와 토론식의 수업방법이다. 이런 교육방법은 오랜 기간 동안 답습해 온 유대교의 탈무드 교육방법과 가정교육에서 익힌 "베갯머리" 교육방법의 연장선상에서 이루어진다. 역으로 보면 이스라엘은 다양한 언어를 가진 집단들이 이주해 왔기에 지도하는 교사로부터 유아에 이르기까지 언어가 최대의 장애물이었으며 이를 해결하기 위한 언어교육은 단점이면서도 장점으로 훌륭히 수행되고 있기에 이스라엘의 취학 전 교육은 잘 짜여진 교육과정으로 평가된다. 조기교육에서의 이러한 교육방법은 취학 전 교육은 물론이고 그 이후의 모든 교육단계에서 효과를 보고 있다. 그러나 한국의 교수 - 학습 방법은 주입식 또는 암기식 교육이라는 비판을 받고 있다. 하나의 사례로 한국의 도덕교육에서 "충효" 교육을 지식으로 주입하려고 하였다는 지적이 있다(정영수 외, 1986: 91-93). 이에 따르면 "충효"는 지식이 아닌 실천으로 교육하여야 하는 것으로 선대가 후대에게 모범적인 행동으로 가르쳐야 하는 것인데도 이를 주입식으로 교육하고 성과를 보고하는 탁상행정을 하였다는 것이다. 이와 같은 교육방법이 한국의 교육현장에서 발생하고 있다는 점은 교수 - 학습을 잘못 이해하고 적용된 것으로 이는 관료행정의 폐단이 가져온 영향이라고 하였다.

이스라엘은1997년 초등교육의 교육과정과 교원임명권을 제외한 모든 행정을 단위학교의 자율에 위임하도록 교육정책을 개선하였다. 따라서 교육내용, 일과운영, 교수 - 학습 방법 등은 단위학교가 위치한 지역사회의 여건과 교사 및 학생들에 의하여 자율로 결정하고 있으며 자기주도적 학습이 교수 - 학습의 바탕을 이루고 있다. 그리고 한국과 같은 재량활동은 전체 교과의 약 20%를 차지하고 있다. 중등학교의 교육과정은 민족에 따라 사용하는 언어와 전통계승을 위한 교과목이 다르지만, 전체적인 교육과정은 통일되어 있는데, 이는 사회 요청에 따른 것이다. 특별한 점은 민주적 가치, 헤브라이어, 평화와 산업, 이민자를 위한 교육 등과 같은 교과목이 정책적으로 필수교과로 지정된 점이다.

그리고 학생들이 배우는 이수단위는 전반적으로 증가하는 경향을 나타
내고 있다.

학급규모는 교육의 질을 좌우하는 하나의 요인이다. 한국의 학급규
모는 현재 35명 선에 있지만 1990년대까지도 60명을 상회하는 과밀학
급의 모습을 보였고, 이로 인하여 개별학습 또는 수준별 학습은 사실
상 불가능하였다. 또한 학교규모도 과대학교 현상을 나타내고 있는데,
이 역시 교육의 장애요인으로 교육성과를 하향시키는 원인이었다.
2004년 PISA의 학습능력 평가결과는 중학교 학생들의 교육성과가 비
교적 우수한 것으로 나타나고 있지만 학습동기 면에서 문제점을 제시
하고 있는 점은 과밀학급과 과대학교와 같은 교육여건이 미흡한 데 있
다고 본다. 이스라엘은 초기부터 학급규모와 학교규모가 소인수 및 소
규모로 교육의 질적 향상을 꾀할 수 있는 구조였으며 경제적 및 정치
적 지원도 순기능 역할을 하였다. 이런 노력의 결과로 이스라엘의 교
육은 창의성 계발과 고등 인지력 등에서 비교적 우위를 나타내고 있
다. 이스라엘 교육문화체육부(1993)는 건국 50주년이 되는 1998년을
목표로 “1994-1998년 5개년 중기발전계획”을 수립하였는데 주요 내용
은 다음과 같다. 이 내용을 보면 이스라엘의 교육정책이 강조하고 있
는 특징을 알 수 있다.

① 단위학교 책임경영 제도 정착 - 민족과 지역의 특성을 고려한 학
교경영을 위해 단위학교 책임경영 제도를 정착하도록 유도하며, 특히
단위학교 교육과정을 개발하여 활용하도록 한다. 교수 - 학습의 효율성
을 제고하기 위해 학술적·교육적인 지원을 실시하고 특정 교과의 프
로젝트 실행 및 IT교육을 위한 보조교사 배치를 한다. 예상되는 효과
는 1997년도에 171개 초·중등학교가 이런 지원정책의 영향을 받아 단
위학교 책임경영 제도를 실시할 것이며, 이를 모든 학교에 정착하도록
할 예정이다. 이는 중앙정부의 강력한 규제로부터 단위학교에게 자율
성을 부여하는 전환을 의미한다.

② 교원의 전문성 신장을 위한 프로그램 제공 - 급변하는 시대의 사회적 요구를 수용하기 위한 교원의 자질은 계속하여 연마할 필요성이 있다는 점을 정부는 인식하고 교원 현직연수 프로그램을 확대한다. 신규교사는 물론이고 현직교사를 위한 재교육에 치중한다. 이는 1990년대 초반에 러시아로부터 이주해 온 많은 이주자들 중 교사자격이 없는 고급인력의 재활용을 위해 필요하다.

③ Madarom 교육기업의 설립 - 이스라엘 남부 지역의 과학·기술교육 발전을 위해 교육시설, 인적자원 및 교육재정을 지원하도록 한다. 이를 위해 산업체가 출연하는 과학교육 시설을 설립하도록 유도한다.

④ 국가 차원의 교사센터 설립 - 교원의 수급과 재교육을 종합적으로 관리하는 교사센터를 국가 차원에서 설치한다. 건국 이후 꾸준히 증가하는 이주민과 자녀들의 교육을 담당할 교사를 확보하기 위한 전체적인 계획을 수립한다. 현직교사의 재교육은 물론이고 이주민 중 고급학력을 가진, 또는 전에 생활하던 국가에서 교사경력이 있는 이주민을 최우선으로 재교육시켜 교원부족 문제를 해결하고 동시에 이주민의 실업문제도 해결한다.

교육은 계획→시행→평가→조정의 과정을 계속적으로 수행하는데, 계획한 목표달성 여부를 분석하기 위하여 평가를 실시하고 그 결과로부터 조정을 요하는 환류자료를 얻는다. 이런 의미에서 학습평가는 매우 중요한 의미를 가진다. 이스라엘은 교육성과를 측정하기 위한 평가를 국가수준에서 다음과 같은 세 가지를 실시하고 이를 교수-학습의 개선 방향에 Feed-back 한다.

① 중등학교 최종단계에서의 평가(Matriculation Certificate)는 대학입학과 직업 선택을 위한 필수요건이며 졸업자격 시험과 같은 것으로 시험과목은 전통교과와 역사 및 시민윤리 등을 공통적으로 평가한다.

② 국가단위 평가시험(NAT: National Assessment Test)은 재학 중인 학생들을 대상으로 학업성취도를 측정하는 시험으로 평가목적은 교육현장의 교사와 학습자들이 나아갈 방향에 대하여 의사결정을 해야 할 정책 결정자들-Knesset 교육위원, 교육행정부, 지역위원, 학교 및 교육관련 공동체 등 -에게 교육현장의 최신 정보와 신뢰할 수 있는 자료를 제공하는 데 있다. 동시에 교육과정 개발과 지속적인 교육개선의 좌표로 활용한다.

③ 단위학교 평가는 단위학교 자체로 시험을 실시하고 시기는 학교의 계획에 따라 실시하며, 시험문제는 국가가 마련해 둔 "문제은행"을 이용하도록 한다. 시험문제는 평가 전문가들에 의해 수행평가를 위시한 평가문항이 상시 출제되어 저장되는데, 점차 학생의 고등 인지적 사고를 요구하는 방향으로 출제되고 있다. 따라서 문제에 대한 신뢰도와 객관도 등에 있어 문제의 소지가 비교적 적다.

한국은 현재 고등학교 학생들이 대학진학을 위하여 실시하고 있는 "대학수학능력시험"과 중등단계 학업 성취도를 측정하기 위한 국가 차원의 평가를 실시하고 있다. 그러나 대학수학능력시험 이외에는 부정기적으로 실시되었거나 최근에서야 시행되었다는 점이 이스라엘과 차이점이다. 대학수학능력시험도 고등교육기관에 입학하기 위한 전형자료로 활용되는 점 외에 고등학교에서의 교수-학습방법을 개선하는 데 기여하는 점이나 활용 여부는 미지수이다. 2003년 정부는 초등학생 학업성취도 평가를 시행하면서 교직단체와 심한 갈등을 표출하는 행태를 보였던 점은 교육과정 운영에서 나타난 국가정책의 한 면을 보여준다. 평가는 학교교육의 성과를 나타내는 하나의 지표인 동시에 교육의 질을 향상시키기 위한 교수방법의 개선을 위한 자료이다. 이런 점에서 한국의 교육과정 정책은 개선을 위한 평가자료 미비로 환류 작용을 못하고 있고 이는 차후의 교육방향 설정에 지장을 초래하고 있다.

이상의 비교특징을 종합하면 교육과정 개발의 주체가 국가라는 점은 유사하지만 교육과정을 운영하는 방법에서는 대부분 상이하였는데, 종합적인 비교특징은 〈표 47〉과 같다.

〈표 47〉 한국과 이스라엘의 교육과정 정책 비교

구 분		한 국	이스라엘	비교특징
교육과정개발		국가교육과정. 전문가 주도	국가 교육과정. 전문가와 학부모	이스라엘 - 사회 요청 반영
교과서 개발		국정제와 검인정제 병행	대부분 국정제. 사립학교 자율	이스라엘 - 사학 자율
교과서 선정		학교와 교사에게 위임	학교와 교사에게 위임	유사함
단계별	취학 전	1969년 5개 영역의 일반적 교육과정 제정	체험학습을 통한 유대문화와 역사 교육.	이스라엘 - 전통교과 강조
	초등	영어 교육	유대문화와 역사 강조. 영어 필수	이스라엘 - 전통교과 강조
	중학교	국민공통교육과정	초등교육의 연장. 무상의무교육	이스라엘 - 무상의무교육
	고등학교	실업계 교육과정 운영이 변질될 우려가 존재	일반 - 엘리트, 실업 - 직업교육 강조	이스라엘 - 무상교육, 실업교육 강조
평 가		대입수학능력시험	국가 차원 평가 3회	이스라엘 - 문제은행 활용
교육 본질		목적에 비중을 둠	목적과 수단을 병행함	이스라엘 - 수단 강조
수월성 교육		평준화로 의미가 없음. 영재교육 정책 미흡	영재교육과정 체계적. 과학·기술교육 강조됨	이스라엘 - 영재교육 체계화
교육과정 여건		과밀학급, 과대학교로 학습의 개별화 어려움	소인수 학급과 소규모 학교로 학습 개별화가 용이함.	이스라엘 - 교육여건 양호

다. 분석준거에 의한 교육과정 정책비교

(1) 전통 대 현대 가치

한국의 교육과정 정책은 전통교과가 대부분 유지되지 못하고 있는데, 근대화 초기의 "수신"교과가 "도덕"교과로 변경되었으나 교육내용이 한국의 전통교육보다는 서양철학을 주 내용으로 하고 있다. 그러나 이스라엘은 유대문화와 유대사상을 필수로 교육하도록 국가교육과정이 편성되었다는 점에서 전통 가치는 유지되고 있다. 대표적인 사례가 약 2,000년 동안 사장되었던 유대인의 고유한 언어인 "히브리어"를 국가 언어로 재활시킨 학교교육이다. 또한 한국의 사학은 국가의 교육정책으로 인하여 설립목적의 기능이 대부분 정지되어 있지만 이스라엘은 사학이 전통 가치를 추구하도록 지원하고 있다. 이런 점들을 종합하면 한국에 비하여 이스라엘은 전통 가치를 존중하는 교육정책이 구현되고 있다.

(2) 개인 대 사회 요청

국가교육과정을 채택한다는 것은 국가가 교육을 위하여 교육과정을 제공한다는 지원의 의미와 국가가 의도한 목적을 달성하도록 통제한다는 양면을 가진다고 본다. 지원한다는 의미에서 보면, 개인의 요청에 따른 교육을 국가가 지원하는 것으로 본다. 이런 점에서 한국과 이스라엘의 교육과정 정책은 개인의 요청을 수용한다고 할 수 있다. 이와는 반대로 통제의 입장에서 보면 국가가 설정한 교육목적을 달성하기 위한 프로그램 즉, 교육과정을 계획함에 있어 교육대상인 학습자를 의도한 방향으로 이끌기 위한 목적이 내포되어 있다. 따라서 국가교육과정은 개인의 요청보다는 사회의 요청을 우선한다고 볼 수 있다. 이와 같이 상반된 주장은 후자 쪽에 비중이 있다고 보는데, 이런 점에서 한국과 이스라엘의 교육과정 정책은 개인의 요청보다는 사회 요청을 우선한다고 본다. 특히, 이스라엘은 교육목적이 사회 요청을 수행하도록 설정되었다는 점에서 한국보다 강한 면을 보이고 있다.

(3) 목적 대 수단

교육과정 정책에서 나타난 사실을 보면, 한국의 교육과정은 교육본질 추구에서 교육목적을 추구하는 가치와는 상반된 분석결과가 나타나고 있다. 즉, 한국의 교육이념과 목적정책은 "목적"에 해당하는 교육본질을 추구하고 있는 데 비하여 교육과정 정책에서는 "수단"에 해당하는 교육본질을 추구하고 있다. 국가교육과정은 국가가 목표와 방향을 정하고 교육을 유도한다고 보아야 하는데 이는 지원적 역할보다는 통제적 역할이 크다고 본다. 한국의 교육과정은 정부수립 이후 총 8차에 걸친 개편을 실시하면서 장학방침은 경제개발에 역점을 두고 있다. 따라서 개편된 교과목들은 주로 실생활과 관계가 깊은 실업, 가정, 과학 등에서 변화가 이루어졌고, 전통교과들은 점점 축소되었다. 이와 같은 현상은 경제발전을 우선한다는 국가정책에 따라 교육과정도 변화한 것으로 교육본질이 "목적"이 아닌 "수단"을 강조하는 것이다. 이처럼 교육이념과 목적정책이 "목적"에 해당하는 가치를 추구하고 있는데도 교육과정 정책은 "수단"의 가치를 추구하는 모순을 나타내고 있다. 이스라엘도 한국과 동일하게 국가교육과정을 채택하고 있으나 교육이념과 목적정책은 "수단"적 가치를 추구하는 경향이 강하다. 그리고 국가교육과정에서 나타난 특징은 전통 가치를 계승하기 위하여 유대문화를 담은 교과들이 의도적으로 편성되고 이를 보존하기 위하여 다양한 유형의 학교들을 설립하였다. 이와 같은 조치는 교육을 통한 사회적 통합과 교육이 "용광로" 역할을 충실히 하도록 교육정책은 조장하고 있는 것이다. 따라서 이스라엘의 교육과정 정책은 교육본질이 "수단"의 성격을 강조하고 있는 교육목적과 일치하고 있다. 그리고 전통교과를 유지한다는 것은 교육본질이 "목적"의 성격을 나타낸다고 볼 수 있는데, 이런 점에서 이스라엘의 교육과정 정책은 "목적"에 해당하는 교육본질도 또한 추구하고 있다.

(4) 수월 대 평등교육

교육과정은 교육할 내용과 방법을 제시하고 있다는 점에서 수월성 교육과 평등교육 부문이 잘 나타난다. 우선 한국과 이스라엘은 교육과정과 교과서 개발을 국가가 주도하고 있다는 점에서 평등교육을 충족시킨다고 본다. 한국과 이스라엘은 국가교육과정을 채택하고 있고 교과서 개발도 국정과 검인정 제도를 활용하고 있다. 이와 같은 교육과정 정책은 교육과정과 교과서 내용을 통제하려는 의도가 있는 것으로 보아야 한다. 통제의 목적과는 관계없이 이런 정책은 국민 모두를 평등하게 교육시켜야 한다는 의무를 부인할 수 없다는 점에서 평등교육을 우선한다고 본다. 이스라엘의 교육정책이 평등을 강조한다는 점은 교육과정에 유대문화를 필수로 편성하고 있는 점과도 관계되는데 즉, 유대문화를 필수교과로 편성한 것은 국민 모두를 교육대상으로 한다는 점을 의미하기 때문이다.

수월성 교육과 관련해 볼 때 이스라엘은 취학 전 교육부터 영재를 선별하고 체계적으로 교육을 하고 있다. 특히, 영재교육을 횡단면은 물론이고 종단면을 연계하여 실시한다는 점에서 수월성 교육을 의도적으로 시행하고 있는 것으로 볼 수 있다. 학제에서도 고등학교를 인문 대 실업비율을 정책적으로 통제하여 인문학교를 엘리트 양성을 위한 교육기관으로 입장을 표명하고 있는 점은 수월성 교육을 추구하는 것을 표현한 것이다. 또한 경제적으로 어려운 영재를 위해 정부가 기숙시설을 준비하고 교육활동을 지원하고 있다는 점은 교육기회균등을 보장하는 평등교육과 수월성 교육을 함께 수용하는 교육과정 정책이다. 한국도 정부수립 이전의 교육에서 수월성이 강조된 교육을 실시하였다. 즉, 서당의 교육에서 교사인 훈장은 학습자의 학습 정도에 따라 교재를 각각 다르게 부여하고, 학습 성과를 측정하여 다음 단계의 교육과정을 부여하거나 월반을 시켰다. 이는 평등교육 속에서 개인차를 반영한 수월성 교육이었다. 그러나 광복과 더불어 발생한 과밀학급과 과대학교 등의 교육여건은 수월성 교육을 어렵게 하였다. 그리고 수월성 교육을 위해 설립된 "특목고"도 수월성 교육보다 대학입시 위주의 교육과정 운영으로 본래의 목적을 훼손하였다는 점에서 수월성 교육은 본래의 목적을 상실했다고 본다. 또한 교수-학습에서 단순 암기 및 주입식 교육이라는 비판을 받고 있다는 점은 수월성 교육이 실시되지 않고 있는 근거라 생각한다.

전반적으로 볼 때 이스라엘은 평등교육을 추구하는 기반 위에 수월성 교육을 추구하는 교육과정을 운영하고 있는 데 비하여 한국은 평등교육만을 추구하는 단계에 머물고 있다. 이는 이스라엘이 양적·질적 교육기회균등을 추구하고 있음에 비하여 한국은 양적 교육기회균등의 수준에 머물고 있음을 의미한다.

(5) 정치 대 교육 관계

한국과 이스라엘은 국가교육과정을 채택하고 있다는 점에서 정치적 영향력이 기본적으로 작용하고 있다고 보는데, 한국은 교과목 선정에서 외형상으로는 이스라엘보다 정치적 영향이 작다고 할 수 있다. 즉, 이스라엘은 종교학교 대 비종교학교, 유대인 학교 대 비유대학교 사이에 교과목 선택에서 많은 차이가 있다. 이는 사회의 요청과도 관계되지만, 정부는 유대인을 양성하여 유대 국가를 유지하도록 한다는 정책에 따라 교육과정에 유대문화와 종교교과목을 필수로 강화하고 있기 때문이다. 이런 점에서 볼 때 이스라엘의 교육과정 정책은 한국에 비하여 정치적 영향이 교육적 요청보다 강하게 작용하였다고 본다. 한국의 교육과정은 국가정체성 유지를 위한 교과목(반공, 도덕, 교련 등)이 정책적으로 채택되고 있지만, 이는 이스라엘에 비하여 정치적 의도가 적었다고 본다. 다음의 〈표 48〉은 이스라엘의 종교학교와 비종교학교 학생들의 교과목 선택 비율인데, 이는 사회의 요청에 의한 교육적 목적만을 추구하는 종교학교의 특징이기도 하다. 즉, 이런 전통을 유지하기 위하여 정치적 영향을 배제하고 교육적 목적에 따라 교육과정을 자율로 편성하도록 하고 있다. 이 표를 보면 종교학교와 비종교학교 학생들은 일반교과에서 나타나고 있는 관심은 특별히 차이가 없지만, 종교교과에서는 확연한 차이가 있다. 이는 학생들의 선택이 자유롭다는 다양성을 보이는 것이지만, 이면에는 사회적으로 종교학교를 유지하려는 의도가 있다고 보아야 할 것이다. 특히, 유대인들의 고유 언어인 히브리어를 필수 교과목으로 선정한 점은 정치적 영향력이 작용한 것이다.

〈표 48〉 이스라엘 일반고교 학생들의 교과목 선택 비율

구 분		수 학	생 물	영 어	성 경	구전법	유대 문학	유대 역사
1983년	종교학교	16.5	6.5	36.7	41.8	4.4	11.7	9.0
	비종교학교	22.0	0.4	22.0	5.3	-	4.6	11.9
1989년	종교학교	22.8	3.7	40.6	44.9	11.2	4.4	12.1
	비종교학교	22.9	0.1	17.2	4.6	-	2.6	9.7

주) 영어와 역사는 1985년 자료임.
자료: Hanna Ayalon & Abraham Yogev(1996). The Alternative World view of State Religious High School in Israel; Comparative Education Review, 40(1). 14 Chicago: Chicago University Press.

이상과 같이 분석준거에 의한 비교특성을 정리하면 〈표 49〉와 같은데, 국가교육과정을 채택하고 있는 점에서 전통 가치를 추구하는 점과 교육본질이 수단에 있다는 유사한 점이 있지만 수월성 교육과 정치적 영향력에서는 상반된 특징을 나타내고 있다.

〈표 49〉 분석준거에 의한 한국과 이스라엘의 교육과정 정책 비교

정책 영역 분석준거	분석내용	한국	이스라엘	비교특징
전통 대 현대 가치	전통교과	현대	전통, 현대	이스라엘-보수성 강함
	사학자율 편성권			이스라엘-자율권 보장
개인 대 사회 요청	국가교육과정	사회	사회	유사함
	사학자율 편성권		개인, 사회	이스라엘-학생선택 보장
목적 대 수단	국가교육과정	수단	수단	유사함
	전통교과			이스라엘-전통교과 강조
수월 대 평등교육	국가교육과정	평등	평등	유사함
	영재교육		수월	이스라엘-교육경쟁력 확보
	일반: 실업비율			이스라엘-일반학교 비율 통제
	평가체제			이스라엘-체계적 국가주도
정치 대 교육 관계	국가교육과정	정치	정치, 교육	이스라엘-정치 영향이 강함
	학교유형			
	선택교과			
	교수-학습평가			

3. 교육자원 정책

현대의 형식적 교육은 교육의 주체, 다시 말해서 교육을 실시할 장소인 학교와 교육받을 대상인 학생 및 교육을 실시할 교사가 있어야 한다. 따라서 교육은 이 세 가지 주체를 만족시킬 인적·물적 여건이 성립되어야 가능하며, 교육성과는 이런 여건들의 준비되어 있는 정도에 따라 다르게 나타난다고 본다. 이와 같은 이유로 국가는 충분한 교육시설을 확보하고 유능한 교사를 양성하도록 교육정책을 수립하여야 한다. 교육자원이란 교육목적이 추구하는 교육성과를 획득하기 위하여 필요로 하는 교육시설과 교원, 그리고 이를 운용하기 위한 재정을 말

하는 것으로 교육 주체를 대상으로 한다는 점에서 중요한 역할을 한
다. 이 연구에서는 교육자원 정책을 교육재정, 교육인사 및 교육시설로
구분하여 비교한다.

가. 교육재정 정책

윤정일(1998: 744)은 학교교육에서 나타나고 있는 과밀학급, 과대학
교, 교원의 자질문제, 열악한 교육환경 등의 문제는 교육재정이 부족한
것에 기인한다고 하였다. 또 다른 개념으로 윤정일(2001: 521)은 교육
재정은 교육과 교육행정을 수행하는 데 있어서 필수불가결한 경제적
기반을 갖추어 주며 교육의 양적·질적 수준을 가늠하는 일차적 관건
이 된다고 하였다. 천세영(2001: 81)도 "OECD가 UNESCO에 비하여
교육에 대한 관심을 더 갖게 되었다"고 하였는데 이는 교육성과를 좌
우하는 변인은 경제적 여건이 최대변수라는 점을 우회적으로 표현한
것이라고 볼 수 있다. 이와 같은 내용을 종합하면 교육목적 달성을 위
해서 국가는 교육재정을 우선적으로 확보해야 하며 이를 실천하는 정
도에 따라 교육성과의 정도를 결정하게 된다고 볼 수 있다.

정태범(1999: 41)은 교육재정 정책이란 국가 또는 지방자치단체가
공교육 활동의 운영을 지원하기 위해서 경비를 조달하고 그것을 관
리·지출하는 것이라고 하였다. 여기서 교육경비를 조달하는 행위는
국가의 재정정책을 의미하며 그것을 관리·지출하는 행위는 단위 교육
기관이 교육재정을 교육에 투입하고 지출하는 실제 행위를 의미한다.
일반적으로 교육행정은 교육활동을 지원하는 수단적 성격을 의미하며,
교육재정은 교육행정이 효율적으로 이루어지도록 하는 조장적 성격을
가진다고 한다. 따라서 교육재정을 관리·운영하는 단위 교육기관이
관리 및 지출하는 교육행정은 수단적 성격을 가지며 교육재정을 확보
해야 할 국가의 재정정책은 조장적 성격으로 의무에 해당한다고 볼 수

있다. 이와 같이 교육재정의 규모를 결정하는 선 조건은 교육행정이지만, 현실은 교육재정에 따라 교육행정 또는 교육정책을 수립하고 있는데 이는 목적과 수단이 전도된 현상으로 교육재정의 규모가 교육행정과 정책을 지배하고 있는 것이다. 결국 교육재정 정책은 교육행정과 정책의 선행 여건으로 작용하면서 교육성과를 좌우하는 중요한 변인으로 작용하고 있다. 이런 현실을 참고하여 양 국가의 교육재정 정책을 비교하고자 한다.

먼저 한국과 이스라엘은 교육재정에 대한 접근 방법이 상이하다. 유학사상은 교육본질이 개인의 가치를 우선하고 있는데 이를 개인요청을 우선하는 것과 같은 의미로 재해석할 수 있다. 한국은 개인의 요청에 따라 교육을 실시하기 때문에 개인의 가치를 향상시켜 삶의 질을 높이는 데 교육목적이 있다고 보고 이런 측면에서 교육비를 부담하는 주체는 개인이 된다는 주장이 성립된다. 즉, 학문의 목적이 자신의 인격을 도야한다는 유학사상은 사회보다는 개인을 우선하는 것이기에 수혜를 받는 개인이 교육비를 부담해야 한다는 논리로 이에 따라 한국은 교육비를 수익자 부담으로 한다고 본다. 반면에 사회의 요청을 우선하는 경우에는 교육목적이 국가와 사회를 우선한다는 교육관이라고 보는데 이스라엘의 교육목적은 "교육을 통한 사회통합"으로 이는 사회 요청을 우선하는 교육관이라고 볼 수 있다. 즉, 다양한 이질집단을 동질집단으로 형성할 필요에서 사회 요청을 우선하게 되었다고 본다. 유일 신앙을 갖고 있는 유대민족은 종교적 전통과 문화로 형성된 국가이기에 국가정체성을 확립한다는 것은 종교교육을 조기부터 실시한다는 것과 맥을 같이 한다. 따라서 종교교육이 곧 교육으로 이는 국가의 의무이기에 여기에 소요되는 교육비는 국가부담이라는 원칙이 성립되었다고 본다. 이와 같은 논리는 동양은 주로 수익자 부담에 의한 교육을 실시하고 서양은 일찍부터 국가부담(무상의무교육)을 당연시하는 교육재정 정책을 구사하고 있다는 점을 참작하였다. 이스라엘은 지리적으로는 동양에 속하지만 사회문화는 서양의 영향을 받고 있는데 정부수립 이전부터 취학 전 교육과 초등교육을 사회단체와 임시정부가 무상교육을 실시한 점도 이와 같은 사고가 작용한 것으로 본다. 이와 같이 상반된 입장을 갖고 있는 양국의 교육 단계별 교육비를 보면 한국은 초등교육비가 약 45%이고 중등 교육비는 약 37%를 배정하고 있어서 초·중등교육에 치중하는 교육정책을 구사하고 있음을 볼 수 있다. 그리고 취학 전 교육비로 약 1%를 편성하고 있는데 이는 교육재정을 수익자 부담으로 충당한다는 것을 의미한다. 이에 비하여 이스라엘은 취학 전 교육에 8.2%를 편성하고 있는데 이는 공교육비는 국가가 부담한다는 것을 의미하는 것이다.

　이와 같은 접근 시각의 차이는 교육재정 정책에서 또 다른 차이를 나타내고 있는데 한국의 정부는 교육이 최우선이라는 교육정책을 표명하지만 교육예산 편성에서는 항상 타 부처에 우선순위가 부여되고 교육은 후순위로 밀려있다. 이는 앞에서 제시한 주장처럼 부족한 교육재정은 수익자 부담으로 할 수 있다는 여유가 존재하기 때문이라고 본다. 그러나 이스라엘은 교육의 중요성 주장과 함께 교육재정 확보도 국가 정책에서 최우선으로 확보하도록 정치적 영향력을 작용하여 GDP의 약 10%를 편성하고 있다. 이러한 교육예산은 국방예산 다음으로 높은 예산인데, 그동안 이스라엘이 치른 전쟁 상황을 감안하면 이는 상당히 높은 비율에 속하며 세계적으로도 월등히 높은 교육예산이다. 이에 비하여 한국의 교육예산은 GDP의 약 4%에 달하는 수준으로 OECD 국가들 중 하위에 속해 있다. 이를 분석준거로 보면 한국은 정치적 영향력이 교육목적을 훼손 또는 묵살하는 역기능을 행사하고 이스라엘은 긍정적·지원적 작용을 한다고 볼 수 있다.

　무상교육은 교육재정의 충족 정도를 측정할 수 있는 척도 중 하나가 된다고 할 때 한국은 초등교육 6년을 무상으로 하다가 2002년부터 중학교 3년을 포함하여 9년으로 하고 있다. 이에 비하여 이스라엘은 유치원 교육을 건국 이전부터 무상으로 실시하였고 건국 후에는 초등학교를 포함한 7년을 무상으로 교육하였다. 그 후 신학제가 도입된 1968년부터 고교 1년까지 11년을 무상의무교육으로 확대하였는데, 현재는 무상교육을 고교 3년까지 2년을 추가하였다. 학생 1인당 공교육비를 비교하면 2000년 미국 달러를 PPP 환율로 계산하였을 때 한국의 취학 전 교육비는 이스라엘의 약 58%, 초등 교육비는 약 73%, 중등 교육비는 약 74%에 불과하였다. 이런 현실을 보면 한국의 교육예산은 시급히 확충을 요하는 문제이며 특히, 취학 전 교육을 위한 교육예산을 향상시켜야 할 것이다. 이를 역으로 해석하면 한국의 학부모들은 이스라엘과의 교육예산 차이만큼 교육비를 부담하고 있고 교육예산에서의 차이만큼 교육성과도 차이가 있다고 볼 수 있다.

20C 후반부터 한국은 국가가 초등학교 병설 유치원을 설립하면서 국가예산을 투입하고 있지만 아직도 학부모의 교육비 부담비율은 약 74%를 차지하고 있다. 그러나 한국의 사립 유치원이 국가로부터 재정지원을 받지 않는 상황을 고려하면 실질적인 학부모의 교육비 부담률은 더욱 높아진다. 이와는 대조적으로 이스라엘은 총교육비 중 공적 부담률이 약 75%, 사적 부담률이 약 25%를 차지하고 있다. 그러나 이스라엘의 사적부담률에는 사회단체나 후원회의 기부금을 포함하고 있는데, 현실적으로 사회단체와 후원회가 대부분의 교육재정을 충당해 주고 있는 점을 감안하면 학부모의 부담금은 전무한 실정이다.

최근 한국이 도입한 학교회계의 "표준 교육비"제도는 단위학교의 교육예산을 확보하는 데는 일조를 하였지만 다양한 교육환경을 갖고 있다는 점을 고려하지 않았다는 점에서 획일화된 교육재정 정책이라고 본다. 결국 이와 같은 교육예산 편성 방식은 교육행정 기관의 위치에서 교육예산을 균등하게 배분하는 것으로 책무성보다 획일성을 강조한 정책이라고 본다. 따라서 한국의 교육재정 정책은 지역별 및 단위학교의 교육환경을 고려하는 다양성과 수월성을 고려하지 못하였다고 본다. 특히, 사립학교에 대한 재정지원은 학생들의 학교 선택권을 상실한 것과 사립학교의 자율권을 침해한 점을 보상하는 성격을 가진다고 보고 이 역시 수월성보다는 평등성에 기초하였다고 본다. 이에 비하여 이스라엘은 교육비를 국가가 부담하고 있다는 점에서 평등성이 보장되고 있으며, 또한 경제적으로 어려운 영재를 포함한 영재교육을 실시하도록 교육재정을 지원하고 있다는 점에서 수월성 교육도 추구한다고 본다.

사립학교에 대한 재정지원에서도 양국은 시각의 차이가 있다. 한국은 평준화 정책으로 인하여 사립학교가 갖고 있는 학생선발과 교육과정 편성, 수업료 책정 등의 자율권이 무력화되었고 이에 대한 궁여지책으로 재정부족 부분에 대한 정부보조를 실시하는 것이다. 그러나 이스라엘은 자율로 사립학교를 운영할 수 있도록 규정하고 있기에 사립학교에 대한 재정지원은 없다. 그러나 내면적으로는 한국보다 많은 재정을 지원하고 있는데 그 이유는 유대문화 계승과 종교교육이라는 사회 요청을 사학이 수행하고 있기 때문이다. 즉, 초·중등교육에서 총 공적부담 교육비 중 사립학교에 대한 직접교육비 지출비율이 한국은 11.6%인 데 비하여 이스라엘은 24.2%를 차지하고 있는 것으로 알 수 있다. 그리고 이스라엘은 이런 재정지원을 빌미로 사립을 규제하거나 구속하지 않는 점이 한국과의 차이점이며 이는 평등교육을 보장하는 것이다.

이상과 같이 교육재정 정책을 비교분석한 내용들을 종합하면 한국은 교육재정 부족에 따라 평등교육은 유지하고 있으나 수월성 교육은 미흡하며, 이스라엘은 교육재정의 확보로 평등교육을 기반으로 수월성 교육을 실시하고 있다. 이에 대한 상세한 비교내용은 〈표 50〉과 같다.

<표 50> 한국과 이스라엘의 교육재정 정책 비교

구 분		한 국	이스라엘	OECD 국가 평균	비교특징
교육재정 확보		수익자 부담	국가 부담	국가부담	국가부담이 주류임
GDP중 교육예산		약 4%	약 10%	약 6%	이스라엘-세계적으로 높음
유 : 초 : 중등 교육비 비율		0.9 : 44.5 : 36.6	8.2 : 34.1 : 31.2		한국-유아교육 취약
유 : 초 : 중등 1인당 교육비		1,949 : 3,155 : 4,069 $	3,369 : 4,351 : 5,518 $	4,477 : 4,470 : 5,501	한국-전반적으로 취약
공공 : 민간재 원 부담 비율	유아	25.9 : 74.1	74.7 : 25.3	82.7 : 17.3	한국-이스라엘은 상대적
	초중등	80.8 : 19.2	94.1 : 5.9	92.8 : 7.2	
중앙 : 지자체 부담률		90 : 10	80 : 20	-	한국-지자체 부담 취약
무상교육 기간		9년	유치원 포함 13년	12년	이스라엘-상위에 속함
공교육비 중 사립에 대한 직접지출 비율		11.6	24.2	11.9	이스라엘-사립지원 높음

나. 교육인사 정책

교육은 교수-학습을 지도하는 교원과 지도를 받는 학생 사이에서 실시되며 학습자의 학습욕구를 충족시켜야 하는 교원의 위치는 유·무형적 가치를 내재한 중요한 위치에 있는 교육자원이다. 교원양성에서 이스라엘은 유치원과 초등학교 교사양성을 2-3년의 교육과정을 이수하여야 하며 중등은 4년의 교육과정을 요구하고 있다. 한국도 초등 교사를 4년제 대학에서 양성하고 있는 점 외에는 이스라엘과 유사하다. 한국과 이스라엘의 교육자원 정책에서 특별한 차이점은 교원임용 방식이다. 한국은 단위학교가 위치한 지방자치단체의 교육감이 교사선발과 임용을 결정하는 데 비하여 이스라엘은 유치원과 초등학교 교원은 중앙정부가 선발 및 임용을 결정한다. 이스라엘이 이와 같은 교원임용방법을 채택하게 된 원인은 유대문화인 유대교 교육을 위하여 조기교육의 필요성을 강조하고 있으며, 사회문화의 다양성을 통합하기 위하여 초등교육을 8년으로 하는 교육정책을 건국 이전부터 실시하였기 때문이다. 따라서 다양한 학교유형과 교육과정을 갖고 건국을 하면서 이를 통합할 필요에 따라서 유치원과 초등학교 교원의 선발 및 임용을 국가가 통제하게 되었다고 본다. 또 하나의 원인은 유대문화의 전승을 위한 기초교육은 국가의 미래를 좌우하는 중요한 사안이며 책무이기에 정부가 통제해야 한다는 당위성 논리에 따른 것이다. 이에 비하여 한국은 유교의 관습에 따라 정부가 권한을 행사하는 것이 당연하다는 사고를 갖고 지방자치제를 실시하면서도 교장의 임명권을 국가가 통제하고 있다는 점이 근본적인 차이점으로 본다. 이를 다른 측면에서 보면 이스라엘은 정치적·사회적 영향력이 의도적으로 작용한다고 보며, 한국은 정치적·사회적 영향력보다는 유교국가의 관료제도 관습에 의하여 국가가 통제하는 것으로 해석할 수 있다.

또 하나의 비교는 교원의 신분문제에서 나타난다. 한국의 교원은 임용과 동시에 정년까지 보장되는 일종의 종신제 신분을 가진다. 그러나 이스라엘의 교원신분은 전임제와 시간제로 양분되어 있으며 유·초·중등 교원의 약 40% 정도가 시간제 교원신분으로 임용되고 있다. 이와 같은 제도가 생긴 원인은 건국 초기부터 교육수요에 비하여 교원자격을 소지한 교원이 부족한 데 있다. 또 다른 원인은 이스라엘의 교육사상은 교육정책에서 언급하고 있는 것처럼 아동을 귀중한 문화유산으로 생각한다는 점이다. 즉, 서구의 사회문화 영향을 많이 받고 있는 이스라엘은 학습자를 교사와 동등하게 중요시하고 학생들이 요구하는 교육과정을 지도할 수 있도록 하기 위하여 시간제를 채택하는 것이다.

한국도 이스라엘과 마찬가지로 정부수립 초기부터 심각한 교사부족 문제를 갖고 있었음에도 처음부터 교원신분을 종신제로 부여하고 있다. 이와 같은 방식을 채택한 이유는 유교문화에 따른 관습이라고 본다. 이와 같이 나타난 교원신분 문제를 다른 각도에서 보면 교사와 학생이 모두 교육의 주체로 인식되고 있지만 어느 쪽에 비중을 두는가의 차이라고 볼 수 있는데, 이 역시 양국의 사회문화의 영향 때문이라고 본다.

이와 같은 교원신분 문제를 교육의 수월성과 평등성 측면에서 비교 분석하였다. 학습의 성과가 교사의 질과 관계된다고 하는 점에서 보면 교원신분이 종신제인 것은 책무성이 시간제에 비하여 크다고 볼 수 있다. 따라서 종국에는 학생들의 학습 성과를 상향시키는 동인이 된다고 보는 점에서 교육의 수월성을 유발한다고 본다. 학습자의 위치에서 보면 학생들의 다양한 교육수요를 충족시키기 위해서는 변동에 따른 교수자원을 적기에 공급해야 한다. 이런 측면에서 전임제는 수요와 공급의 탄력성이 결여된다고 보고 이스라엘의 시간제는 수월성 교육과 학습자의 다양한 수요를 충족시킨다고 본다. 이와는 대조적으로 한국의 교원은 전임제로 교원공급에서는 원활하지만 학습자의 교육수요를 충족시키지 못하는 문제점이 있다. 즉, 7차 교육과정은 수요자 중심 교육과정으로 11-12학년에서 학생의 선택권을 허용하고 있지만 현실은 교수자원의 문제로 학생의 선택권이 무시되고 있다. 따라서 한국은 대학입시 준비를 위한 획일화된 교육과정에 따라서 평등교육을 실시한다고 본다. 이와 같은 차이점은 교육 주체를 학생과 교사 중 어디에 비중을 두는 경향인가의 문제로 유교문화와 기독교 문화가 나타내는 또 하나의 차이라고 본다. 마지막으로 교육재정의 효율성 문제에 의하여 분석하면, 이스라엘은 건국 초기부터 인접한 아랍 국가들과 전쟁을 수차례 겪으면서 국가재정은 대부분 국방비로 지출되었기에 교육재정은 매우 부족하였다. 그러나 이스라엘의 생존은 교육에 달려 있다고 강조한 교육정책의 실현을 위해 정부는 현실적으로 부족한 교육재정을 보충할 방법으로 시간제 교원의 임용방식을 채택하였다고 본다. 현재도 이스라엘은 전체 교육예산 중에서 교원급료가 차지하는 비중이 한국보다 적다는 점은 이를 간접적으로 보여준다고 본다.

이스라엘은 한국과 같은 부권 중심 사회의 전통을 갖고 있다. 그러나 오랫동안 세계를 유랑하며 생활한 경험은 양성평등을 수용하게 되었다고 본다. 이런 사고로 일찍부터 여성교육이 발전하였는데, 현재도 교육기관에 등록된 여학생 비율이 남학생보다 높고 교육기관에서 임용된 교원 중 여성비율이 한국보다 높게 나타나고 있다. 즉, 양성 평등이 실현된 교육체제와 사회구조를 가지고 있는 것이다. 교사와 학생의 비율은 수업의 질적 향상을 좌우하는 외면적 조건으로 교육의 수월성과 관계된다. 한국의 경우 현재는 교사 1인당 학생 비율이 초등이 약 32명, 중등이 약 20명 선을 유지하고 있지만 1990년대 후반까지는 초등학교는 약 50-60명을 유지하고 있었던 점을 감안하면 수월성 교육은 어려웠다고 본다. 이스라엘은 건국 이전부터 학급당 학생수를 25명 이하로 유지하는 정책을 구사하였기에 현재도 교원 1인당 학생수가 초등 20명, 중등 약 13명 선을 유지하고 있어서 한국에 비하여 수월성 교육을 위한 유리한 조건이라고 볼 수 있다.

이상과 같이 비교분석한 내용은 〈표 51〉과 같은데, 교원양성 제도와 같은 외면은 양국이 일부분 유사하지만 교육성과를 지배하는 교원신분과 여건과 같은 내면적 현상은 차이를 나타내고 있다.

<표 51> 한국과 이스라엘의 교육인사 정책 비교

구 분		한 국	이스라엘	비교특징
교원자격제도		자격증제도 실시	자격증제도 실시	이스라엘 - 이주민 교사부족
교원양성 기간		유치원-3년 초·중등-4년	유·초등-3년 중등-4년	유사함
교원 임용	교원신분	종신제.	전임제, 시간제.	이스라엘 - 시간제 약 40%
	임용주체	교육감. 사립은 설립법인	초등-국가, 중등-지자체	이스라엘-국가가 통제하는 경향
여성교원 비율		99.6, 72.0, 46.5	99.8, 83.1, 73.2	이스라엘 - 양성 평등실현
교사: 학생 수		22.2, 32.1, 20.1	20.0, 20.1, 12.8	이스라엘 - 정책으로 유지함

주: 비율은 순서대로 유치원, 초등, 중등의 비율을 나타냄.

다. 교육시설 정책

교육시설은 교육활동을 지원하는 물적 자원으로 교사의 역량과 함께 교육성과를 좌우하는 외적 변인이다. 한국의 교육시설은 정부수립부터 1980년대까지 열악한 상황으로 학급당 학생 수는 60명을 넘어서 2부제 수업을 실시하였는데, 핵심적인 문제는 교육의 양적 수요를 교육시설이 뒷받침하지 못했다는 점이다. 이는 국가경제가 빈약한 데에 주원인이 있다고 보지만 이스라엘의 경우를 보면 이러한 원인에 대하여 이의가 있을 수 있다. 한국과 비슷한 시기에 건국한 이스라엘도 국가재정이 빈약하였던 점은 비슷한 여건에 있었다. 그러나 이스라엘의 교육여건은 한국보다 좋은 양상을 나타내고 있는데 그 원인은 교육에 대한 국가의 의지와 접근방법에 차이에 있다고 본다. 즉, 개인 대 사회 요청 및 정치 대 교육의 관계가 교육정책에 미친 영향에 의한 결과라고 본다.

이스라엘은 2000년이 넘는 세월을 고난과 시련 속에서 생활하면서 교육의 본질이 추구하는 목적과 수단을 지혜롭게 활용하는 교육방법을 터득하였는데, 여기에는 유대교의 탈무드 교육이 깊이 작용하였다. 이런 역사적 경험이 유대인의 전통문화의 소중함을 일깨웠고 사회는 국가가 교육을 통해 이것을 계승하도록 투자해야 한다고 요청하였다. 특히, 정치적 현실은 교육적 요청을 우선하여 수용하도록 지원하였다. 그러나 한국은 정치적 현실에 따라 교육정책이 일관성을 유지하지 못하고 있고 또한 교육비 부담을 수요자가 한다는 유교문화에 의한 사고는 교육재정 확보를 어렵게 하였다. 이와 같은 양국의 교육재정 정책은 전반적인 교육시설과 여건을 지배하면서 학급당 학생 수, 복식수업, 교원 대 학생 수 등에서 차이를 나타내고 있다. 특히, 한국의 사학이 정치적 결정에 의하여 양적 성장이 이루어진 점은 한국만의 특징적 사례로 볼 수 있다. 이스라엘은 사학이 유대민족 단체와 독지가들의 기금에 의하여 자생적으로 설립되고, 설립목적이 유대문화의 전통을 계승하고 사회통합을 위한 유대인 육성에 있다는 점에서 정치적 및 교육적으로 긍정적인 영향을 받는다고 본다. 학급당 학생 수를 보면 한국은 최근까지 과밀학급 현상을 유지해 왔는데 이에 따라서 교육활동은 제

약을 받고 그 결과는 학교교육에 대한 기대와 성과를 감소시켰다고 본다. 또한 과대학교 현상은 현재도 잔존하고 있는데 1965년 문교통계는 2부제 이상의 수업을 실시하는 학급 수가 전체의 18.8%를 차지하였다. 더욱이 3부제 학급이 1,293개였고 4부제 학급이 47개에 달하고 있었던 사실은 한국의 학교교육 여건의 열악함을 단적으로 보여주는 예이다. 이런 현상은 정부의 시설투자로 많이 호전되어 2001년에는 초등학교에서 69개 학급만이 2부제 수업을 하고 있는 것으로 나타나 있고 이는 신흥도시 또는 주거 밀집 지역의 학생 수 증가로 인한 결과라고 교육인적자원부는 설명하고 있다. 이와는 반대로 농어촌의 학교는 인구감소로 소규모 학교가 발생하여 복식수업을 하는 문제점이 발생하고 있다. 다음의 〈표 52〉는 2000년 한국과 이스라엘의 교육단계별 학급당 학생 수를 나타내고 있는데, 이스라엘은 한국과 같은 과밀학급 현상은 발생하지 않는 것으로 나타났다.

〈표 52〉 한국과 이스라엘 및 OECD의 교육 단계별 학급당 학생수

구 분	초등학교	중학교	고등학교
한 국	35.6	37.1	42.2
이스라엘	26.4	31.1	25.0
OECD 국가 평균	22.0	24.0	-

자료: 교육인적자원부(2003). OECD 교육지표. 서울: 한국교육개발원.

라. 분석준거에 의한 교육자원 정책비교

(1) 전통 대 현대 가치

교육목적이 추구하는 경향을 비교하면 한국의 유학사상은 교육목적이 "수신"으로 이를 교육본질에서 보면 "목적"의 성격과 같은 것으로

개인 가치를 우선하며 전통 가치를 반영하는 것으로 볼 수 있다. 이스라엘은 국가 정체성을 확립하도록 전통 가치인 유대문화를 교육하는데 이는 유일신 신앙인 유대교를 교육한다는 전제를 갖고 있다. 그리고 "사회적 통합"이라는 교육목적은 현실 문제를 해결한다는 것으로 현대 가치를 추구하는 것이다. 이렇게 볼 때 한국은 현실성을 결여하고 있기에 현대 가치를 추구하는 면은 미흡하다고 볼 수 있다.

교원신분에서 보면 한국은 전임제 신분을 가지며 이스라엘은 전임제와 시간제를 병행하고 있다. 한국의 교원신분이 전임제라는 점은 교사를 교육의 주체로 보는 유교사상의 영향이 크게 작용한 것으로 해석할 수 있다. 이스라엘도 한국과 유사하게 교육을 소중히 여기고 교사를 우대하기 위하여 전임제를 채택하고 있는데 이런 점에서 한국과 이스라엘은 전통 가치를 추구한다고 본다. 그러나 이스라엘은 학생을 미래의 소중한 문화유산으로 보고 학생의 교과 선택권을 허용하였는데 이를 성공적으로 이끌기 위하여 시간제 교원 임용방법을 채택하였다고 본다. 이것은 실질적인 선택교과를 운영할 수 있다는 점에서 현대 가치를 수용하는 것이라 할 수 있다. 그러나 한국은 7차 교육과정이 다양한 선택교과를 제공하지만, 전임제로 인하여 학생들의 교과 선택권은 보장되지 못하고 있다. 그러므로 현대 가치를 수용하는 점은 이스라엘에 비하여 미흡하다고 본다.

(2) 개인 대 사회 요청

교육자원 정책에서 나타난 특성을 보면 한국은 교육비를 수익자 부담으로 하고 있으며 이스라엘은 국가가 부담하고 있다. 이와 같은 교육비 부담 주체가 다른 것은 교육목적이 개인과 사회 중 어느 쪽에 비중을 두었는가에 따른 차이라고 본다. 한국은 개인 요청이 사회 요청에 우선하고 있으며 이스라엘은 사회 요청이 개인 요청에 우선한다고 본다. 이와 같은 요청에 따라 한국과 이스라엘의 교육현장에서 나타나는 학급당 학생 수와 교원 대 학생 수 등은 차이가 있다. 즉, 국가가 주체가 되어 의도적 교육활동을 한다는 것은 국가가 교육에 대한 책무를 가지며 이에 따라 국가는 교육을 실시할 교육환경을 의도적으로 통제해야 한다. 이스라엘의 교육목적에는 "유대인 육성" 또는 "엘리트 양성"과 같은 용어가 있는데, 이는 의도적인 의미를 내포하고 있다. 그러나 개인 요청을 우선하는 경우는 국가가 책무를 가지기에 앞서 교육수요자가 선택하였다는 점에서 교육예산 확보문제에 다소 자유롭다고 본다. 따라서 한국에 비하여 이스라엘은 교육예산을 반드시 확보해야 한다는 전제가 성립되며 한국은 수요자가 부담해도 된다는 전제가 명분으로 작용하고 있다고 본다. 이와 같은 관점의 차이에 따라 한국과 이스라엘은 교육재정 확보와 교육환경 등에서 많은 차이를 나타내고 있다.

　교육인사 정책에서 교원신분은 양국의 교육정책에서 나타난 커다란 차이점이다. 교육은 교원과 학생이 주체이다. 이때 교원과 학생의 위치가 등식 또는 부등식의 관계 중 어떤 관계를 유지하는가에 따라 개인 요청과 사회 요청은 각기 다르게 적용된다고 본다. 한국과 이스라엘의 교육과정은 학생이 선택할 수 있도록 다양한 교과가 편성되어 있다. 그러나 한국은 교원신분이 전임제로 학생이 선택할 수 있는 개인 요청이 제한될 수밖에 없다. 이로 인하여 교육 주체에서 학생이 교원에게 종속된 부등식 관계를 가진다는 의미로 해석이 가능하다. 그러나 이스라엘은 전임제와 시간제를 병용하기에 학생의 선택은 수용된다고 보기에 교원과 학생의 관계는 적어도 등식관계를 유지한다고 볼 수 있다.

　사학에 대한 재정 정책에서도 양국은 차이를 나타나고 있다. 한국과 이스라엘은 사학의 설립과 운영을 교육 관련법이 보장하고 있는 점에서 유사하다. 그러나 사학을 운영하는 실제에서 한국은 개인 요청이 사회의 요청에 의하여 훼손되었다. 즉, 과열된 입시를 완화하자는 사회의 요청이 제기되면서 입시제도는 무시험 및 평준화 제도로 변경되었다. 이는 사립학교법이 보장하고 있는 경영자율권(학교 선택권, 수업료 책정권 등)과 같은 개인 요청이 사회(정치)의 요청에 의하여 사장된 것으로 본다. 이스라엘도 한국과 유사한 입시경쟁이 사회문제로 제기되고 있지만, 교육은 국가가 의도한 방향으로 유도하여야 한다는 국가정책을 유지하도록 사회는 지원하고 있다. 정리해 보면, 이스라엘의 경쟁을 통한 입시제도는 개인 요청을 수용하면서 수월성 교육도 실시하는 것이며, 종교교육을 위해 학생들의 학교선택권을 보장한다는 것은 개인 요청을 우선하면서 동시에 사회의 요청도 수용하는 것이다.

(3) 목적 대 수단

교육자원 정책에서 교육재정을 확보하고 있는 실정을 보면 한국은 정부예산 편성에서 교육의 중요성을 강조하는 것과는 상대적으로 적은 예산을 편성하고 있는 데 비하여 이스라엘은 OECD 국가 평균보다 많은 10%를 편성하고 있다. 이는 "교육이 최우선 과제"라고 표명하고 있는 정책 의지를 그대로 반영하고 있는 것으로 교육이 사회적 통합을 실행하도록 지원하는 것이다. 이런 점에서 이스라엘은 교육본질이 "수단"에 해당하는 성격을 추구한다고 본다. 그러나 한국은 정책의지와 예산확보가 일치하지 않는다는 점에서 교육본질을 "수단"보다는 "목적"으로 보는 경향이 크다고 본다. 이는 유학사상에 따른 것으로 이를 확대 해석하면 국가는 필요한 인력만을 양성하고 나머지는 각자의 경제적 능력에 따라 교육을 받도록 한다는 다소는 방관자적 입장을 가진다고 볼 수 있다. 때문에 국가는 최소한의 재정만을 확보해도 된다는 사고를 가지게 되었고 이는 교육본질 추구가 "수단"이 아니라는 의미로 해석할 수 있다. 이와 같은 분석은 교원임용 방법에서도 나타나는데 한국은 교원임용 주체가 지자체의 교육감인 데 비하여 이스라엘은

중앙정부가 초등학교 교사임용권을 행사한다. 한국은 교육목적이 개인
요청에 따른 학문적 목적을 추구하는 데 있다는 점에서 임용권을 지자
체에 위임하는 것으로 볼 수 있다. 그러나 이스라엘은 교육목적이 사
회 요청에 따라 "수단"의 성격을 갖고 있기에 사회 또는 국가가 의도
한 방향으로 이끌기 위해서는 교원의 역할이 중요한 변인이라고 보고
이를 정부가 통제하는 것이라고 본다.

(4) 수월 대 평등교육

교육자원 정책에서 학생당 교육비, 학급당 학생 수 등은 평등교육과
관계가 있다. 한국의 교육재정은 이스라엘에 비하여 상대적으로 적은
데 이는 학생당 교육비도 부족하다는 것을 의미한다. 학급당 학생 수
는 교육의 질과 관계가 있다. 이런 점을 고려하면 한국은 학급당 학생
수가 60명에서 최근에야 35명을 유지하게 되었고, 학교당 학생 수도
과대학교 현상을 나타내면서 2부제 수업을 실시하였다는 점 등은 교육
의 질적 추구가 불가능하였다고 판단된다. 이스라엘은 건국 이전의 역
사에서 학급당 학생 수를 25명 이하로 유지해야 한다는 정책이 언급되
었고, 현재도 이를 유지하고 있다. 또한 학교 규모도 한국의 소규모 학
교와 같은 정도로 운영되고 있다. 결국 이런 여건들이 교육의 질을 결
정하는 변인들로 작용하면서 과대학교와 소규모 학교, 도시학교와 지
방학교 간 교육격차를 발생하게 한다. 이와 같은 교육재정 정책의 차
이로 한국은 평등교육만을 이스라엘은 평등교육과 수월성 교육을 동시
에 추구하고 있다고 본다.

교육인사 정책을 보면 한국은 교원신분이 전임제이며 이스라엘은 전
임제와 시간제를 병용하고 있다. 수월성 교육은 학생들의 교육욕구가
다양하다는 점도 충족시켜야 하는데 한국은 수월성 교육을 추구하지
못하는 제도적 장애가 있다.

(5) 정치 대 교육 관계

교육자원 정책에서 사회 요청을 교육이념과 목적에 수용하도록 정치적 영향이 작용한 점은 양국이 유사하다고 본다. 비교의 초점은 한국에 비하여 이스라엘의 교육자원 정책은 정치적 영향이 사회 요청에 따른 교육목적 수행의 순기능에 해당하는 영향력을 발휘한 데 비하여 한국은 역기능을 하고 있는 점이다. 즉, 교육예산은 교육목적을 수행하도록 이스라엘은 GDP 대비 교육예산을 확보하고 있다는 점은 정치적 영향력이 순기능을 하였다는 것을 의미한다. 한국도 교육을 소중하게 여기고 있지만, 유학사상이 추구하는 교육본질 성향과 정치권의 관습에 의한 수익자 부담에 따라 충분히 확보하지 못하고 있다. 한국과 이스라엘의 교원임용 방법은 차이가 있는데, 이 점도 정치적 영향력이 작용한 결과라고 볼 수 있다. 즉, 이스라엘은 학생의 학습 선택권을 보장하고 수월성 교육을 실시할 수 있도록 정치적 영향은 작용하고 있다. 또한 이스라엘의 교원연합은 전통 가치를 교육할 수 있도록 정부가 교육적 영향력을 행사할 것을 요구하여 사장되었던 히브리어를 부활시킨 점은 교육적 요청을 정부가 수용한 것이다. 이처럼 이스라엘은 한국에 비하여 나은 교육여건을 갖고 있는데도 교원급료가 한국에 비하여 약 30% 정도 낮다고 이스라엘 대사를 역임한 박동순(1996: 75)은 밝히고 있다. 이와 같은 결과를 볼 때 이스라엘의 교원은 정치적 영향보다는 유대사상에 따른 교육적 책무성이 크게 작용한 것으로 본다. 이상과 같이 비교한 내용을 요약하면 아래의 〈표 53〉과 같다.

〈표 53〉 분석준거에 의한 한국과 이스라엘의 교육자원 정책 비교

구분 분석준거	분석내용	한 국	이스라엘	비교특징
전통 대 현대 가치	교육재정	전통	전통, 현대	이스라엘 – 현대 가치추구가 강함
	교원신분			
개인 대 사회 요청	교육비 부담	개인	사회	이스라엘 – 교육목적에 따름
	교육재정			이스라엘 – 종교교육과 관련됨
	사학재정 지원		개인, 사회	이스라엘 – 자율권 보장, 지원
목적 대 수단	교육재정	목적	수단	이스라엘 – 사회통합을 위한 수단 으로 교육활용
	교육 가치추구			
	교원신분			
수월 대 평등교육	학생당 교육비	평등	수월	이스라엘 – 평등교육 기반 위에 수월성 추구
	학급, 학교규모			
	교원신분			
정치 대 교육 관계	교육재정	정치	정치, 교육	이스라엘 – 정치가 교육을 지원하 는 동반관계 유지
	교원신분			
	교육환경			

4. 교육제도 운영 정책

　　정태범(1999: 43)은 "교육목적을 달성하기 위한 조직체"를 교육제도라고 하였고 주삼환 외(2003: 193)는 "국가의 교육이념 및 교육목적을 달성하기 위한 국가적 차원의 인위적 장치로써 교육활동(교육 목적·내용·방법·평가), 교육기관, 교과용 도서 그리고 조직 및 기구 등에 관한 표준은 물론 기준을 총칭 한다"고 하였다. 또 최희영(1999: 762)은 사회 구성원을 대상으로 교육목적을 달성하기 위해 존재하는 하나의 사회제도가 교육제도라고 하였다. 이를 종합하면 교육제도는 사회 구성원들의 교육욕구를 충족시켜 주는 사회적 대행기관으로 법적 정비

와 사회적 관습을 승인하는 제도적 장치이며, 교육제도 운영 정책은 "교육목적을 달성하기 위하여 교육활동을 정비하고 지도 감독하는 활동"이라 할 수 있다. 이런 개념을 바탕으로 교육제도 운영 영역을 교육행정 제도, 학교제도, 입시제도로 구분하여 비교하였다.

가. 교육행정 운영

교육부의 조직은 해당 국가의 정책을 구현하기 위한 하나의 체제로 명칭에서 나타나는 특징은 한국은 교육을 통한 인적자원개발에 초점을 두고 있는 점이다. 세계화와 국제화 시대에 자연자원이 부족한 한국의 입장에서는 인적자원만이 유일한 국가 경쟁력을 가진다고 보고 교육이 유능한 인적자원을 육성하도록 교육목표를 재설정하고 있는 것이다. 이와 같이 교육부의 명칭을 개편하는 기저에는 한국의 교육이념과 목적의 변화를 초래하려는 국가의 정책의도가 작용했다고 본다. 전술하였듯이 한국의 교육이념과 목적은 유교사상을 바탕으로 한 "수신"으로 교육본질이 "목적"을 추구하는 경향이 우선한다. 그러나 현대사회는 경제적 가치를 추구하는 "신자유주의" 논리가 세계적으로 팽배해 있다는 점을 고려할 때 이는 현실과는 거리가 있는 교육목적으로 지적받고 있다. 역으로 설명하면 한국의 교육은 개인의 요청을 우선하는 교육이념과 목적 때문에 교육성과 면에서 사회가 요구하는 "수단"으로서의 경제기능이 미약하다는 것이다. 이런 주장은 이미 근대사회로 진입하기 이전부터 학자들에 의하여 주장되었던바, 대표적 이론이 "실학사상"이다. 18C 중엽에 정약용은 기존의 성리학이 추구하는 관념론은 경험론적인 방법에서 추구하여야 한다는 실학사상을 전개하고 이를 교육에서 활용할 것을 주장하였다(임무영, 1989: 22). 이런 실학사상은 현대의 교육이 추구하는 가치와 관련하여 볼 때 내재적 가치보다는 외재적 가치를 강조하는 것이며 개인적 가치보다는 사회적 가치를 우선하는 사상이라고 볼 수 있다. 즉, 한국이 교육부 명칭을 개정한 이면에는 이제까지 개인의 요청과 내재적 가치를 우선하는 교육정책에서 벗어나 내재적 가치를 외재적 가치로 활용 할 수 있도록 교육을 실시한다는 교육목적을 표명하는 것이다.

이스라엘은 "교육문화체육부"로 90년대에 변경하였는데 이는 다양한 문화를 경험한 이질적 집단과 종교적 배경이 다른 민족이 공동체를 이루고 생활해야 하는 현실을 교육이 해결하도록 하는 정책에서 비롯되었다. 따라서 이스라엘의 교육이념과 목적은 현실 문제를 기반으로 설정되어 있다. 이스라엘은 국가이념을 실현하기 위해서는 문화를 이해하도록 교육해야 한다는 현실을 직시하고 있으며, 이는 교육목적이 "수단"에 해당하는 가치로 사회 요청을 우선한다고 볼 수 있다. 이와 같은 교육목적은 한국과는 대조적인 것으로 내재적 가치보다는 외재적 가치를 우선하며 개인 요청보다는 사회의 요청을 우선하고 있는 것이라고 본다. 이처럼 한국과 이스라엘의 교육부 명칭은 내재하고 있는 정책목적에서 차이를 나타내고 있다. 이를 비교교육학이 추구하는 목적과 관련하였을 때 한국은 "학문적 목적"에 국한된 의미를 갖고 있고 이스라엘은 "실용적 목적"에 집중된 의미를 갖는다고 본다.

행정체제는 주체에 따라 중앙집권제와 지방자치제로 구분한다. 한국의 교육행정체제는 중앙집권제에서 1991년 "지방자치에 관한 법률"이 제정되면서 지방자치제를 실시하고 있다. 지방자치제는 행정 권한이 위임 또는 분산됨으로 인하여 지역특성과 여론을 반영할 수 있다는 장점을 가지지만 이를 운용하기 위한 재정을 확보해야 한다는 선결 요인을 수반하고 있다. 그러나 한국의 지방자치제는 지방재정이 확보되지 못하고 중앙정부의 재정에 의존하는 어려움을 갖고 있다. 실제로 1995년 지방자치단체로부터의 교육예산 전입금은 5.6%에 불과하였고 약 94%가 중앙정부의 부담금이었다는 현실을 볼 때, 중앙정부의 정치적 영향력을 배제할 수 없다고 본다. 따라서 한국의 교육은 정치적 영향이 교육을 종속관계에 있도록 지배하고 있지만 교원인사와 학사관리와 같은 행정은 대부분 지자체에 위임되어 실시하고 있다. 이스라엘은 지방자치제도를 건국 초기부터 운영하였으며 교육재정은 지자체가 약 20%를 자체적으로 충당하고 나머지는 중앙정부가 지원하고 있다. 한국과는 다른 특별한 점은 초등교육에 관한 교원임용, 교육과정 편성 및 교과서 개발의 권한을 중앙정부가 통제하고 있다는 것이다. 그러나 중등학교와 사립학교는 지자체와 설립단체가 권한을 행사하고 있다.

　종합하면 이스라엘은 교육재정 확보를 위해서 정치적 영향은 지원자 위치에 있으나 행정에서는 교육목적을 달성하기 위하여 통제하는 입장을 취하고 있다. 이와는 반대로 한국은 재정은 통제하는 위치에 있으며 행정은 위임되어 있는데 전반적으로 한국에 비하여 이스라엘의 교육 자치제는 정착되어 있다고 본다.

나. 학교제도 운영

　학교제도는 성장연령과 학습 정도에 따라 교육내용을 달리하는 학교 유형으로 한국과 이스라엘의 학교제도는 6+3+3+4의 학제를 동일하게 운영하고 있지만 이스라엘은 전통사상과 사회문화의 다양성 등으로 인하여 8+4+4의 전통학제를 하나 더 운영하는 복선형 학제를 운영하고 있다. 한국도 광복 이전까지는 초등교육을 4년 또는 6년으로 하는 복선형 학제를 운영한 적이 있었다. 그러나 광복 이후부터는 현재와 같은 단선형 학제만을 채택하고 있다. 이와 같은 학제를 유지하고 있다는 점에서 비교하면 한국은 전통 가치보다는 현대 가치를 우선하여 추구하고 있으며 이스라엘은 전통 가치와 현대 가치를 모두 추구한다고 본다. 즉, 이스라엘의 전통학제는 주로 사립학교인 동시에 정통 유대종교학교인데, 이는 유대문화인 유대교를 교육시키는 데 목적을 두고 있기 때문이다.

또 하나는 수월과 평등교육 측면에서 분석하면 한국의 단선형 학제는 평등교육을 추구하는 학제임에 비하여 이스라엘의 복선형 학제는 평등과 수월성 교육을 동시에 추구하는 학제라고 볼 수 있다. 그리고 성장단계를 고려하여 교육을 실시하려는 학제는 기본적으로 국민 모두를 교육대상으로 한다는 점에서 평등교육을 바탕으로 한다고 본다. 따라서 한국과 이스라엘의 학제는 평등교육을 추구하고 있다고 본다. 이스라엘은 이런 전통 학제와 더불어 1968년 신학제를 채택하였는데 취학 전 교육을 포함하여 무상의무교육을 9년간 실시하도록 하였다. 즉, 전통 학제와 신학제 모두 초등교육은 평등교육을 추구하고 있지만 후반의 중등교육은 엘리트를 양성한다는 교육목표를 분명하게 수립하고 있는데 이는 수월성 교육을 추구하는 것이라고 본다. 결국 초등교육을 8년으로 하여 국민의 전체적인 학력을 향상시키도록 유도한 정책은 평등에 기초한 교육기회균등을 추구하는 것이며, 중등의 인문학교를 25%로 억제한다는 정책은 수월성 교육을 추구하는 교육정책인 것이다. 이에 비하여 한국의 학제는 단선형 학제라는 점과 입시제도가 평준화 정책에 따른다는 점에서 초중등교육이 평등교육을 추구하는 교육정책이라고 본다.

학제와 관련하여 또 하나의 분석은 "다양성과 획일성"이다. 이스라엘은 건국 전후를 중심으로 계속적으로 이주해 온 유대인들로 인하여 인구증가가 급격히 이루어졌다. 이와 더불어 교육수요는 직업학교보다는 인문학교로 진학을 원하는 학생들이 증가하면서 8년의 초등교육을 수료하지 못한 이주민 자녀들의 불만은 사회문제로 대두되었다. 이에 정부는 1968년 국민적 합의에 의해 6+3+3의 신학제를 채택하였다. 그러나 정부는 교육제도 운용에 있어 전통 학제와 신학제를 획일적으로 적용하거나 규제를 가하지 않고 자율에 맡기는 유연성을 보였다. 따라서 현재 신학제를 채택하고 있는 학교가 약 75%이고 전통 학제를 유지하고 있는 학교가 약 25% 정도이다. 이와 같은 현상은 정책이 사회의 요구를 수용하는 데 있어 다양성을 발휘하였다는 점이다. 다양성은 수월성 교육과 상통한다는 점에서 이스라엘은 수월성 교육을 또한 추구한다고 본다.

그러나 한국은 광복 후 수립된 단선형 학제만을 유지하고 있다는 점에서 획일성을 추구하는 교육정책이라고 본다. 이는 일시에 모두를 달성하려는 조급함과 모든 것을 하나로 통일하려는 사고가 은연중 발현된 것으로 흔히 "빨리 빨리 문화"를 대변하는 것과 관계가 있다고 볼 수 있다. 이런 점에서 획일성은 평등교육을 추구하는 것으로 보았다.

이와 같은 사실들의 배경에는 한국과 이스라엘의 역사와 문화가 깊게 작용하였다고 본다. 한국은 단일민족으로 단일한 문화를 형성하고 생활하였기에 획일화에 익숙한 데 비하여 이스라엘은 140여 국가에 산재해 생활하면서 얻은 다양한 경험을 가진 유대인들의 이질적인 사회문화를 형성하고 있기에 다양성을 발휘할 수밖에 없다고 본다. 그러나 조국을 잃었던 2,000년의 상처를 치유하기 위해서는 다양성을 통일하기 위한 획일성을 추구하는 정책을 시도해야 했기에 "교육을 통한 사회적 통합"을 유도하고 있다.

학교유형에서도 평등과 수월은 나타나고 있는데 이스라엘은 민족과 종교에 따라 유대학교와 비유대학교로 구분하고, 유대학교는 국립학교와 국립 종교학교로 구분하고 있다. 이와 같은 학교유형이 존재한다는 자체가 다양성을 추구하는 정책으로 평등을 기반으로 한 수월성 교육이라고 본다. 설립별 구분에 따르는 학교유형으로 국립과 사립학교가 있는데 이스라엘은 취학 전 교육 이외의 통계에서 "사립학교"라는 용어가 없다. 따라서 교육자료 및 통계에는 사립학교에 대한 통계가 구분되어 있지 않다. 그러나 문헌 등에 따르면 이스라엘의 사립학교는 유럽에서 이주해 온 엘리트층들에 의하여 1890년대부터 설립되어 공교육 기반을 형성하였으며, 건국 후에는 전통 학제로 존재하면서 유대문화를 전승시키는 종교학교로 교육을 실시하고 있다. 이처럼 전통을 유지하기 위한 교육을 실시하고 있다는 점과 학교선택을 자유로 한다는 점은 평등보다는 수월성 교육을 추구하는 것으로 본다. 그리고 자유롭게 사립학교를 운영할 수 있다는 점은 정치적 영향보다는 교육적 목적에 따르는 것이라고 본다. 이와는 대조적으로 한국은 단선형 학제만을 유지하고 있고 사립학교의 자율권은 명문화되어 있지만 실상은 입시정책에 따라 유명무실한 상황에 있다. 이와 같은 점을 근거로 할 때 한국의 교육정책은 교육적 요청이 정치적 영향에 의해 구속 또는 규제를 받고 있다고 본다.

학교제도에서 무상의무교육 연한을 보면 한국은 초등학교 6년을 의무교육으로 하다가 2002년부터 중학교까지 9년으로 무상의무교육 기간을 확대하였다. 이에 비하여 이스라엘은 취학 전 교육 1년과 고등학교 1학년까지 11년을 무상의무교육으로 하고 있으며, 무상교육은 고등학교 2-3학년을 포함하여 13년간 실시하고 있다. 특히 유치원 1년을(5세) 공교육 기간에 포함시켜 무상의무교육으로 하고 있는 점이 한국과 차이점이다. 이와 같은 이스라엘의 무상의무교육 기간은 여타의 선진국들과 비교해도 긴 기간으로 유대인들의 교육열을 짐작케 한다. 이는 외형적으로 평등교육을 추구하는 교육정책이지만 무상의무교육은 교육본질이 "목적"에 해당하는 자기계발을 충실히 만들어 주는 교육여건인 동시에 "수단"에 해당하는 경제적 가치를 추구하도록 하는 것이다. 무상의무교육기간을 연장하려는 세계적 추세는 이런 관점에서 추진된다고 보기에 한국에 비하여 이스라엘은 교육본질이 "목적"과 "수단"을 추구한다고 본다.

다. 입시제도 운영

뒤르케임은 "전통적인 세습제도에서의 선발과 배분에 관한 기능을 현대 학교는 사회로부터 위임받고 행사하는 기능을 정당하게 가진다"

하였다(임선희 외, 2002: 46-50). 즉, 전통사회에서는 계급과 신분이 부모로부터 세습에 의하여 결정되었으나 사회가 발전하여 현재와 같은 학교교육이 등장하면서 학교는 기존의 세습 권한을 위임받아 선발과 재분배하는 기능을 행사하게 되었다는 것이다. 이런 사실을 근거로 볼 때 학교는 교육을 통해 사회 구성원을 적재적소에 정당하게 분배하는 기능을 수행하기 때문에 학교는 분배를 위한 학생선발도 정당해야 한다는 것으로 풀이된다. 중학교가 학생을 선발하여 교육한 후 일반과 실업학교로 구분하여 진학하게 하는 것은 재분배로 볼 수 있다. 이처럼 학교는 학생을 선발과 분배하는 기능을 당연히 가지는 것으로 사회는 인식하고 있기에 입시제도는 선발과 분배라는 양면의 기능을 가지는 정당한 사회제도로 간주한다. 또한 입시제도는 신분을 재 보장받으려는 부모와 학생들의 욕구로 경쟁이 수반된다. 따라서 이를 적절히 조정하려는 정부의 정책이 요구되는데 이를 "가열 기능"과 "냉각 기능"이라고 한다(임선희 외, 2002: 48).

이스라엘의 입시제도는 건국 이전부터 경쟁에 의한 선발을 적용하고 있는데 이와 같은 입시제도를 운영한다는 것은 수월성 교육을 추구하는 교육제도 운영 정책으로 "가열 기능"을 조장 또는 유지하는 정책이다. 나아가 수월성 교육을 수용하는 입시제도는 사회의 요청과 개인의 가치를 수용하는 정책으로 이는 교육본질에서 "목적과 수단"을 모두 포용하는 정책이라고 본다. 이와 같은 입시제도에 따른 역기능을 고려한 "냉각 기능"은 일반 고등학교로 진학하지 못한 실업학교 학생들이 실업교육에서 가치를 추구하도록 교육을 내실화하고 있다. 즉, 실업교육을 산학협동 프로그램과 연계하여 기능교육을 강화하도록 하였고, 교육과정을 일반과 실업교육으로 이원화한 종합학교를 설립하는 등의 정책적 노력을 지속하고 있다. 이와 같은 정부의 노력은 실업학교를 졸업하고 사회활동을 하고 있는 직장인들이 일반학교를 졸업한 사람들에 비하여 부당한 사회적 대우를 받고 있다는 편견을 많이 감소시켰다. 즉, 실업교육의 효과성을 경제적 측면에서 조사한 결과를 보면 실업교육에서 받은 분야와 동일한 직업을 가진 근로자는 그렇지 못한 근로자와 일반학교 교육을 받은 근로자에 비하여 매월 10% 정도의 급료를 더 받는다고 하였다(Neuman & Ziderman, 1991: 256-281). 이러한 정부와 사회의 정책배려에도 불구하고 이스라엘의 실업교육 정책은 일반학교로의 진학 희망에 따른 문제 등과 중등교육의 보편화와 교육기회균등의 측면과 기능 인력의 공급이라는 양면의 기로에서 문제점을 나타내고 있다.

한국은 "가열 기능"의 고조로 인한 사회적 문제를 냉각시키기 위하여 중학교 입시제도를 1969년 "무시험 입시제도"로 변경하였다. 그 후 고교 입시에서 재현된 "가열 기능"으로 1974년 서울을 시작으로 "고교 평준화 입시제도"를 채택하였다. 이러한 입시 정책은 "냉각 기능"을 가진 것으로 사회적 요청을 수용한 정책이라고 볼 수 있다. 그러나 교육은 적절한 경쟁을 수반할 때 교육성과를 향상시킬 수 있다는 점에서 무시험 제도와 평준화 정책은 가열 기능은 상실된 입시정책이며, 아울러 수월성 추구와 개인 요청은 무시되고 평등교육과 사회 요청만을 강조한 정책이라고 본다. 그리고 이와 같은 입시제도는 학생 선발에서 정당성을 상실하였다는 지적이 계속하여 제기되고 있으며 희망하는 학교로 진학하지 못한 학생들의 불만은 학교교육의 신뢰와 성과를 감소시키는 원인으로 작용한다고 본다. 특히, 사립학교는 공립과는 다른 독자적 교육이념과 목적을 가지고 설립한 교육기관인데도 일률적으로 배정된 학생들은 사립학교의 교육이념과 목적에 적응하지 못함으로써 사립학교의 교육방침을 불신할 수 있다고 본다. 2004년 한 고등학교에서 사립학교의 교육목적에 따른 종교교육을 학생이 거부하는 사안이 발생하면서 정부는 사립학교에서 종교교육을 사실상 할 수 없도록 규제할 방안을 모색하고 있는데 이는 학교가 교육시킬 학생들을 선발하는 정당한 기능을 상실한 것이다. 나아가 학교가 정당한 선발기능을 상실하고 있다는 것은 사회적 정당성도 상실한 것이다. 이처럼 한국의 입시 제도는 사회 요청과 학생의 수월성을 무시하고 "냉각 기능"만을 강조한 정책으로 학교와 학생 모두 피해자라고 할 수 있다.

다른 측면에서 접근하면 교육의 주체 중 어디에 비중을 두고 있는가의 문제와 관계가 있다. 학생은 교사의 지도하에 개인적 인격을 형성하여 사회의 일원으로서 역할을 한다. 전통적 개념은 교사를 주체로 보는 경향이 있으며 이에 따라 학생을 객체로 보는 편향된 인식을 갖게 되었다고 볼 수 있다. 따라서 학교와 교원만 있으면 학생은 당연히 있는 것으로 생각하는 경향이 농후하였다. 현대는 경쟁 시대로 학교교육에서도 유사한 경향을 나타내고 있는데 학생과 학부모는 학교 중에서 자신에게 유리한 학교로 진학하기 위한 선택 기회를 요청한다. 이와 같은 현상의 이면에는 교육에 대한 사회적 요청이 양적보다는 질적인 교육을 원하는 것이라고 볼 수 있다. 따라서 교육제도 운영 정책은 교육의 주체인 학생의 학교 선택권을 보장하여 사회적 정당성을 인정받도록 개선되어야 한다고 본다. 이스라엘은 민족주의와 지방자치제를 채택하면서도 정부가 통제하고 있지만 교육받을 학생들의 수월성과 다양성을 발휘할 수 있도록 학교 선택권을 보장하는 입시제도를 운영하고 있다. 이에 비하여 한국은 개인의 가치를 우선하는 교육목적과 인적자원 개발이라는 "수단"에 해당하는 가치를 강조하면서도 평등과 획일성만을 주장하는 입시제도를 채택하는 차이가 있다.

라. 교육행정 지원운영

한국과 이스라엘은 교육행정을 지원하기 위해 학부모 및 사회단체가 참여하고 있다는 점은 유사하지만 참여하는 학부모의 내면적 역할은 차이가 있다. 한국의 학부모는 주로 학교경영에 부족한 재정을 지원하는 역할에 집중되어 있는 데 비하여 이스라엘은 학교경영보다는 운영을 위해 참여하고 있다. 한국에 이와 같은 학부모의 역할이 있게 된 원인은 국가재정 부족과 국민들의 교육욕구 증대라고 본다. 광복 후 정부는 부족한 교육재정을 마련하기 위하여 "사친회 또는 육성회(PTA)"를 결성하고, 교육비의 일정 부분을 학부모가 분담하도록 교육재정 정책을 결정하였다. 이러한 정책을 결정한 배경은 교육은 궁극적으로 개인의 욕구를 충족시킨다는 유학사상에 따른 것으로 같은 맥락에서 학부모도 당연히 교육비를 부담해야 한다고 인식한 데 기인한다고 본다. 그리고 이런 관행은 현재까지 개선되지 않고 있는데 정부의 교육예산 미확보와 학부모 육성회비 회계가 그 잔영이다. 정부는 학부모들의 학교운영 참여를 유도하기 위하여 1996년 "학교운영위원회"를 설치하도록 법제화하였지만, 아직은 전문성 부족 등의 이유로 정착되지 못하고 모니터링 수준에 머물고 있다고 본다. 그러나 이스라엘은 학교운영과 관련한 의견 제시 및 모니터링 등 학교행정에 적극적으로 참여하고 있다. 특히 유치원과 초등학교에서의 학부모회는 제도화 및 정례화되어 있는데, 주로 학교행정을 위한 조언과 의견을 제시하고 있다.

학부모의 역할에 비하여 교원들은 교육정책과 학교행정에 폭넓게 참여할 수 있도록 양국이 제도적으로 허용하고 있는 외적 조건은 유사하였다. 이스라엘의 교직단체는 1903년 "교원연합"을 최초로 설립하면서 정부가 없는 상태의 유대인들에게 교육을 실시하기 위하여 자체적으로 사립학교를 설립하고 유대문화의 부흥을 꾀하는 유대교육의 선구자 역할을 담당하였다. 따라서 자연스럽게 교원연합은 교육정책을 형성하고 교육과정 편성 등 학교행정을 결정하게 되었다. 이런 상황에서 출발한 교원연합의 목적은 "유대문화의 전승과 고유한 언어인 히브리어 교육을 강화하여 미래의 조국건설에 동참할 엘리트 양성을 위한 교육"에 두었으며 그 성과는 다음과 같이 요약할 수 있다.

첫째, 조국을 위한 인재양성을 위해 자율적인 교육과정을 편성하고 교육활동을 하였다. 이 부분에서 강조한 점은 유대민족의 전통 계승과 엘리트 교육이라는 점이다.

둘째, 중앙집권제를 지방자치제로 전환하도록 유도하고 이를 성취한 점이다. 이는 중앙집권제는 필요한 감독의 기능만을 강조하고 재정지원은 하지 못하는 입장에서 교육성과를 기대할 수 없다는 논리이다.

이와 같은 교원연합의 노력과 역할에 따라 건국 이전에 형성된 8+4 학제의 전통은 이스라엘의 중등교육에서 4년제 인문학교인 "Gymnasium"을 제도화하고, 현재도 이를 유지하며 엘리트 교육을 실시할 수 있다. 결과적으로 이스라엘의 교원연합은 교육기회균등 속에서 수월성 교육을 추구하는 교육정책을 정착시키고 국가와 사회로부터 지지받는 교원단체로 존재하고 있다. 한국의 교원단체는 1947년 "대한교육연합회"를 시초로 출발하여 현재는 "한국교원단체연합회"로 개편하여 존재하고 있다. 역할은 주로 교원들의 자발적 연수 외에는 정치적 영향을 받는다고 평가되었기에 교원단체로서 비교적 소외되었다. 특히, 정치적 영향력에 의하여 수동적인 역할만을 수행했다는 점에서 이스라엘의 교원연합과는 대조를 이룬다. 이와 같은 현실에서 2,000년 "전국교직원노동조합"이 설립되어 교원의 연수활동 외에 교육정책과 복지향상 등에 적극적으로 참여하면서 교원단체에 대한 인식이 전환되었다. 그러나 내적으로 이스라엘의 교원연합이 "수월성 교육을 통한 유대인 교육"인 점에 비하여 한국은 "교원의 복지 향상과 평등교육"을 목적으로 하고 있는 차이점이 있다.

또 하나의 차이점은 교직원노동조합을 지원하는 법적 지원체제의 미비이다. 한국의 교직원노동조합은 근거를 노동법에 두고 설립되었다. 이는 기존의 교육기본법과 초·중등교육법 및 사립학교법에서 명시하고 있는 내용들과 상충되고 있다. 이로 인하여 학교 현장과 교육당국은 전반적인 교육행정에서 혼선과 충돌을 겪고 있다. 이에 대하여 이돈희(1999: 759)는 "교육법규가 정치 변혁과정과 매우 밀접하게 전개되어 교육이 정치로의 귀속화가 위험시 된다"고 하였다. 이는 정치적 목적에 따라 수시로 개정한 관계 법규들 때문에 지원하는 법적 근거가 불충분하게 되었다는 점을 설명하는 것이다. 이에 비하여 이스라엘의 교원연합은 자생적으로 출발된 교원단체로 건국 이전에 결성되어 안정되었고 사회적인 공감대를 형성하고 있는 점이 차이점으로 나타났다. 이는 정치권력과 영향으로부터 자유로움을 의미하는 것으로 순수한 교육적 의지만이 작용하고 있다는 것을 시사한다.

마. 인적자원개발 운영

한국은 유교문화가 사회적 바탕을 이루고 있는 국가로 교육이념과 목적도 유학에서 강조하는 개인의 가치를 사회 가치보다 우선한다. 그러므로 교육본질이 "목적"을 우선하여 추구한다고 본다. 한국과 동일한 유교국가인 중국의 관리양성 교육과정의 특징을 베버는 다음과 같이 설명하고 있다고 Young은 소개하였다(임선희 외, 2002: 96).

첫째, 예와 고전을 주로 탐독하도록 강조하고 있는데, 이는 전통 가치와 질서 체계를 중시하고 이의 암기에 주력하도록 하는 교육과정이다.

둘째, 교육과정은 인문 교과에 치우쳐 있으며 천문학·수학·과학 등의 지식은 중요하지 않은 것으로 간주하고 지배계급인 관리들에게는 교육을 실시하지 않았다.

셋째, 행정관리(문관)가 되는 길은 고전 중심의 교육과정을 습득케 하고 시험을 통해 선발하였다.

이와 같이 중국의 전통적 교육과정의 특징을 제시하고 있는데 이것은 한국의 유교교육의 특징과 동일하다고 본다. 중국과 한국은 동일 문화권에 속해 있고 더욱이 유학을 중국보다 깊게 체계화시킨 조선의 유학사상은 베버의 지적과 같은 맥락을 유지하였다고 볼 수 있다. 즉, 과거시험 제도와 사서삼경 등을 교재로 강독하는 교수법, 문과를 중시하고 무과와 이과를 소홀히 하였던 점들이 이런 지적과 같다고 본다.

결국 한국은 교육이념과 목적에서 논한 것처럼 교육을 개인의 인격형성에 두었으며 이로 인하여 외재적 가치인 "수단"은 천한 것으로 생각하는 사회 통념을 갖게 되었다. 세계는 국가 차원을 넘어서 국제적 관계를 중시하는 세계화를 지향하고 있고, 신자유주의 논리에 따라 경제를 국가경쟁력의 지표로 나타내는 국제사회로 변화하였다. 이 시점에서 당연히 국가의 교육정책은 양면을 중시하는 방향으로 변화를 도모하게 되어 교육은 "목적과 수단"을 겸용한 인적자원 개발로 전환되어야 한다는 점을 중시하고 교육부 명칭을 교육인적자원부로 변경하였다. 그러나 이와 같은 국가정책 방향의 변경에도 불구하고 한국의 교육정책은 인문 : 실업학교 비율이 상실되면서 심각한 산업 생산성 문제를 제기하고 있다. 한국은 자연자원에 비하여 인구밀도가 높은 국가로 고부가가치를 생산해 내는 인력의 양성을 요구한다. 그러나 일반적인 산업 활동은 적절한 기능 인력도 요구한다는 점에서 실업학교의 존재는 인적자원개발에 중요한 변수라고 보는데, 이런 취지와는 달리 실업학교가 감소하고 있는 점은 국가정책 방향과 일치하지 않는다고 본다. 즉, 교육본질은 여전히 "목적"이 "수단"을 앞서고 있는데 이는 사회의 요청을 묵살하고 개인 요청만을 수용하는 정책인 것이다. 이스라엘은 교육이념과 목적이 사회 가치를 우선하고 있는데 이는 유대교의 이념인 "시오니즘"이 현실 세계를 중심으로 한 까닭이다. 따라서 한국과는 상대적인 사회 요청에 따라 교육목적을 제시하면서 인문 대 실업학교의 비율을 정책적으로 유지하고 있다. 그러나 이스라엘도 사회 요청이 일반학교의 문호를 확대하도록 요청하고 있는 점은 한국과 유사하다. 그러나 결과는 한국이 평등 원리 또는 정치적 목적에 따라 가변적으로 교육정책을 결정하고 있는 데 비하여 이스라엘은 획일적인 교육정책 속에서 실업학교를 유지하고 있으며, 동시에 수월성을 추구하도록 정치적 영향이 작용한다.

〈표 54〉 교육 분야 정부행정 효율 평가지표와 경쟁력 순위(2001년)

항 목	한 국	1위	2위	3위	4위	5위
교육 분야 종합순위)	32위	이스라엘	핀란드	아이슬란드	호주	캐나다
GDP중 총교육비 지출비율	39위 (3,575)	이스라엘 (9,061)	캐나다 (8,838)	스웨덴 (8,300)	덴마크 (8,191)	남아공 (8,000)
고교 등록률(1997, %)	1위 (100,0)	벨기에 (100,0)	체코 (100,0)	일본 (100,0)	네덜란드 (100,0)	스웨덴 (100,0)
고등교육 성취도(1998, %)	5위(34,0)	캐나다 (46,0)	일본 (45,0)	핀란드 (36,0)	미국 (36,0)	벨기에 (34,0)
교육시스템 경쟁력 *	44위 (3,549)	핀란드 (7,926)	아일랜드 (7,857)	싱가포르 (7,821)	이스라엘 (7,118)	스위스 (7,023)
대학교육의 유용성 *	47위 (3,52)	이스라엘 (8,29)	핀란드 (8,18)	아일랜드 (8,11)	싱가포르 (7,61)	미국 (7,43)
경제적 학습능력 *	17위 (6,03)	핀란드 (7,80)	싱가포르 (8,06)	아이슬란드 (7,50)	아일랜드 (7,18)	네덜란드 (6,92)
충분한 재무교육 *	28위 (4,930)	이스라엘 (8,000)	핀란드 (7,852)	아이슬란드 (7,667)	덴마크 (7,408)	스웨덴 (7,303)
엔지니어 자질 *	36위 (6,113)	인도 (8,828)	슬로바키아 (8,769)	이스라엘 (8,588)	아이슬란드 (8,556)	헝가리 (8,545)
대학·기업의 산학협력 *	19위 (4,56)	핀란드 (7,68)	이스라엘 (7,35)	미국 (6,65)	싱가포르 (6,158)	아일랜드 (5,890)

자료: IMD(2001). World Competitiveness Yearbook. Lausanne; IMD.
주: 1) 고교 등록률은 해당연령 인구 중 전업학생 비율임.
　　2) 고등교육 성취도는 전체 인구 중 고등교육을 받은 인구 비율임.
　　3) *가 있는 데이터는 설문에 의한 점수로 10점 만점으로 채점됨.
　　4) GDP 중 총교육비 지출은 1999년 자료로 금액은 $임.

　앞의 〈표 54〉는 스위스의 "국제경영개발원(IMD, 2001)"에서 발표한 "국가간 교육 행정력에 대한 비교지표"인데, 이를 보면 이스라엘은 교육 분야를 포함한 종합평가에서 49개 국가 중 1위를 나타내고 있는 데 비하여 한국은 32위로 하위권에 머물러 있다. 그리고 한국의 고등교육은 전 부문에서 중하위권에 미무는 수준을 나타내고 있으며 이스라엘과 비교하면 10점 만점에서 한국의 2배에 달하는 점수를 받았다. 대학교육의 유용성 부문에서 이스라엘이 1위임에 비하여 한국은 49개 국가 중 47위에 머물고 있다. 이와 같은 결과는 앞서 논의된 교육본질 중 "목적"에 치우친 교육성과로 해석되지만 경쟁력을 상실케 한 입시제도와도 연관되었다고 본다. 이와 같은 결과에서 한국의 고등학교 등록률 100%와 고등교육을 수료한 비율이 5위를 나타내고 있다는 점을 생각하면 한국의 교육은 양적 성장에 머물고 있으며 향후 질적 성장을 위한 대안이 요구된다. 특히, GDP 중 교육예산이 이스라엘에 비하여 절반도 안 되는 실정은 한국의 정부와 정책 관련자들에게 각성을 요구하고 있다. 이스라엘의 인적자원개발 정책에서 부각되고 있는 교육적 문제는 중도탈락 문제인데 한국에 비하여 높은 중도 탈락률은 사회 문제로 대두되고 있고, 이는 주로 소수민족에서 높게 나타나고 있다. 즉, 1997/8년 9-11학년의 중도탈락 현황은 유대학교가 6%, 아랍학교가 14%를 보이고 있는데, 남학생이 여학생의 2배에 달하고 이주 지역별로 보면 에티오피아가 7%인 데 비하여 러시아 이주민 집단은 12%에 이르고 있었다.

이상과 같이 비교한 내용을 종합하면 〈표 55〉와 같은데 교육제도 운영 정책은 양국이 대부분 차이를 나타내고 있지만 교육정책 형성에 학부모 및 사회단체를 참여시키고 있는 점과 인적자원개발을 위한 교육정책은 유사하였다.

〈표 55〉 한국과 이스라엘의 교육제도 운영 정책 비교

구 분	한 국	이스라엘	비교특징
교육부서 명칭	교육인적자원부	교육문화체육부	양국 모두 세계적 추세에 따름
관리체제	지방자치제	지방자치제	이스라엘-초등교육은 중앙집권
기본학제	단선형	복선형	이스라엘-수월성 추구
무상의무교육연한	9년	11년 무상교육은 13년	이스라엘-교육정책이 최우선
학교구분	국·공·사립으로 구분	다양함	이스라엘-설립별, 종교별, 민족별
입시제도, 학교선택권	평준화. 선택권 없음	선발경쟁. 선택권 보장	이스라엘-수월성 추구에 주력
참여단체	학부모 및 지역사회	학부모 및 사회단체	이스라엘-실질적 참여
인적지원 개발	주요 징책으로 채택	주요 정책으로 채택	유사함
실업교육 정책	위상 상실하는 경향	실질적 영향력 행사	이스라엘-정책적으로 유지
학생 중도 탈락률	낮음	높음	이스라엘-비 유대계가 높음

바. 분석준거에 의한 교육제도 운영 정책 비교

(1) 전통 대 현대 가치

교육제도 운영에서 양국의 장학방침은 전통 가치를 기반으로 한 장학행정을 하도록 요청하고 있다. 이에 따라 한국은 전통문화를 계승하기 위한 "청소년 연맹", "흥사단"과 같은 한국형 준거집단을 교육활동에 접목시키고 있다. 이스라엘은 건국 이전부터 형성된 "키부츠"가 대표적 역할을 하고 있는데, "키부츠" 교육은 유대민족 정신과 전통 가치를 강조함과 동시에 자립자족이라는 현대 가치도 교육하고 있다. 그리고 이스라엘의 교육부 명칭에서 보듯이 교육과 유대문화를 구분할 수 없다는 점은 한국에 비하여 전통 가치를 강조하고 있는 것이다.

학교제도를 중심으로 할 때 한국의 학제는 광복과 더불어 현재와 같은 단선형 학제를 채택하고 있으며 이스라엘은 전통 학제와 사회 요청에 따른 신학제를 병행하는 복선형 학제를 유지하고 있다. 이 역시 한국에 비하여 전통 가치를 더욱 추구하는 것이다. 그리고 양국은 지방자치제에 의한 행정을 실시하고 있는데 이스라엘은 초등학교 행정을 중앙정부가 통제하는 중앙집권제를 실시한다. 이는 다양한 교육과정을 운영하는 데 따른 불균형을 조정한다는 의미로 해석되지만 내면적으로는 유대의 전통문화를 교육하도록 통제하는 목적도 내포하고 있다. 학교 유형에서 한국에 비하여 이스라엘은 다양한 학교유형이 존재한다는 점은 다양성을 나타내는 것으로 전통적인 유대문화를 교육하고자 하는 목적에서 비롯되었다고 본다.

이상과 같은 비교 내용들을 종합하면 이스라엘은 한국에 비하여 전통적·보수적 사고가 종교 문화와 깊은 관련을 맺고 사회 전반에 보편화되었다. 특히, 교육목적이 사회문제를 해결하도록 "교육을 통한 사회적 통합"에 있다는 내용을 근거로 할 때 교육제도 정책도 문화와 경험

을 다양하게 가지고 있는 민족들의 전통 가치를 교육하도록 다양성을
발휘하고 있다. 이런 차이의 배경은 한국이 단일한 문화와 역사를 가
지고 있는 데 비하여 이스라엘은 다양한 종교와 경험을 가진 이주민
집단이 공동체사회를 형성하게 된 역사성에 기인하고 있다고 본다.

(2) 개인 대 사회 요청

교육제도 운영 정책에서 이스라엘은 개인요청과 사회 요청 모두를
포용하도록 복선형 학제를 채택하고 있다. 건국 이전부터 적용하던 학
제가 교육수요의 증가와 함께 사회적 갈등을 제기하면서 신학제가 적
용된 점은 사회 요청을 수용한 것이다. 특히, 개인요청에 따라 학교를
선택할 수 있도록 다양한 유형의 학교를 유지하고 있지만 사회 요청에
따른 교육목적을 달성하도록 행정을 통제하고 있다. 이에 비하여 한국
은 단선형 학제로 평준화 입시제도가 채택되면서 개인요청은 사회 요
청에 의하여 후 순위로 밀려나 있다. 특히 입시제도가 선발이 아닌 평
준화라는 점은 학교 선택권과 같은 개인요청이 무시되고 있다는 점에
서 많은 비판을 초래하고 있다.

(3) 목적 대 수단

교육제도 운영 정책에서 나타나고 있는 "목적"과 "수단"의 분석을
교육부의 명칭에서 비교하였는데, 한국의 "교육인적자원부"라는 명칭
에서 나타난 성향은 교육과 인적자원을 동일하게 연계시키고 있다.
"인적자원"이란 인간의 능력을 경제적 가치를 지닌 자원으로 본다는
개념에서 "신자유주의" 논리와 유사하다고 본다. 한국의 교육목적은
본질이 "수신"으로 경제적 가치를 드러내지 않고 있다. 그러나 인적자
원이란 용어가 부서명에 포함되었다는 것은 "교육받은 인간은 자본"이
라는 점을 강조한다고 본다. 이는 이제까지 주장해 온 교육본질이 "목

적"에서 "수단"으로 교육목적을 전환한다는 의미라고 볼 수 있다. 교육정책은 교육이념과 목적을 달성하기 위한 실천적 성격을 가진 "수단적 행위"로 볼 때 교육이념에 종속되어 있다고 본다. 이런 점에서 교육이념과 목적이 교육본질을 "목적"에 해당하는 성향을 추구하고 있는데도 이하의 교육정책이 "수단"에 해당하는 성향을 추구한다는 점은 비논리적이라고 본다.

이스라엘은 "교육문화부"에서 "교육문화체육부"로 명칭이 개정되었다. 이와 같이 명칭에서 "교육"과 "문화"가 함께 하고 있다는 점은 교육과 문화를 분리할 수 없다는 현실에서 비롯되었다. 이스라엘은 다양한 이질적 집단이 어우러져 사회를 구성하고 있으며 이로 인하여 문화도 다양한 형태로 존재한다. 따라서 정책은 교육을 통하여 이질적 문화를 융화시키려는 목적으로 출발하였다. 결국 이스라엘의 교육은 "수단"적 성향을 강화하는 교육정책을 구상하고 있다. 그리고 교육이념과 목적에 따른 이하의 제반 정책도 일관되게 "수단"으로서의 교육본질을 추구하는 데 두고 있다.

(4) 수월 대 평등교육

교육제도 운영 정책에서 수월성 교육은 양국의 입시제도에서 확연한 차이가 나타난다. 이스라엘은 건국 이전부터 초등 이후의 진학을 경쟁에 의한 입시제도로 실시하고 있다. 따라서 이스라엘도 희망하는 학교로 진학하기 위하여 한국과 같은 과외학습을 받는 교육열과 입시의 객관성 결여 등의 문제가 사회적으로 제기되었지만, 정책은 경쟁에 의한 입시제도를 그대로 유지하면서 일반학교 대 실업학교의 비율을 조정하는 것으로 대신하였다. 이와 같은 입시제도는 적절한 경쟁을 유발하면서 동시에 교육성과를 향상시킨다는 점에서 수월성을 추구하는 교육제도이다. 이에 비하여 한국은 경쟁이 없는 평준화 제도를 채택하고 있기에 수월성 추구는 미약하다고 본다.

수월성 교육은 학제와도 관련된다. 이스라엘은 복선형 학제를 유지하고 있는데 전통 학제는 건국 이전부터의 학제로 초등교육이 8년, 중등교육을 4년으로 하고 있다. 초등교육목적은 국민의 기본 자질을 형성한다는 점에서 기초교육을 실시한다고 보는데, 이는 평등을 추구하는 교육이라고 볼 수 있다. 따라서 한국보다 2년이 긴 8년의 초등교육기간을 설정하고 있는 점은 모든 국민의 자질 향상을 위한 평등교육을 추구한 점이 한국보다 강조되는 있다는 것이다. 그러나 중등교육은 평등교육 바탕 위에 수월성을 추구하는 교육과정으로 볼 수 있는데, 이스라엘은 일반학교 정원을 정부가 의도적으로 규제하고 "엘리트 양성"이라는 교육목표를 설정하고 있다는 점에서 한국에 비하여 수월성 추구가 강하다고 본다. 그리고 일반학교를 규제하는 대신에 평등교육을 위하여 실업교육을 다양한 방법으로 지원하고 있다. 한국은 단선형 학제를 채택하고 있는데, 일반적으로 단일하다는 것은 평범하다는 의미와 상통한다는 점에서 평등교육을 추구하는 의미로 볼 수 있다.

(5) 정치 대 교육 관계

교육제도 운영 정책에서 나타나고 있는 정치적 영향을 나타내는 대표적 사례는 입시제도로 한국은 과열된 입시 경쟁을 완화하기 위한 정책으로 무시험 및 평준화 제도를 채택하였다. 이런 입시제도가 도입될 당시의 사회가 이를 수용하였다고 해도 시대 변화에 따라서 적용 방법과 타당성 등은 검토되어야 한다. 현재의 시점에서 평준화 정책은 교육적 목적에서 볼 때 근본 취지를 상실하고 있으며 더욱이 국가경쟁력을 요구하는 21C에 경쟁력을 상실한 교육제도를 유지한다는 것은 시대에 역행하는 것이라고 본다. 특히, 교육이 경쟁력을 상실하고 있다는 교육계의 우려는 교육정책에서 필히 반영해야 할 사안이라고 보는데도 정치적 영향은 체제유지를 위한 임시처방으로 연명하고 있다. 이스라엘은 일반학교를 정부가 정책적으로 통제하고 경쟁을 통한 선발을 하는 입시제도를 처음부터 실시하고 있다. 선발에서 탈락한 학생들은 직업을 갖기 위하여 실업학교로 진학하여 직업교육을 실시하는 데 비하여 일반학교는 "엘리트 과정"으로 대학진학을 목표로 교육한다. 그리고 일반 대 실업학교의 비율을 50 : 50으로 책정하고 정부가 통제하고 있는데, 통제한다는 것은 정치적 영향을 받는다는 것을 의미한다. 이스라엘도 한국처럼 상급학교 진학을 위해 학교 밖에서 과외를 받고 있는데 이는 "가열 기능"이 작용하고 있는 것으로 사회적 요청에 따른 것이다. 그러나 교육제도 운영 정책은 일반학교 비율을 25%에서 50%로 상향시키는 것으로 대체하고 경쟁을 통한 입시제도는 그대로 적용하고 있는 점은 한국과는 다른 정치적 영향이며, 이를 순기능이라고 본다.

또 하나의 비교를 학제에서 찾아보았다. 한국은 정부수립과 동시에 현재와 같은 단선형 학제를 채택하였는데, 이와 같은 학제를 채택한 것은 사회의 요청과는 무관하게 미국의 교육제도에 따른 영향이라고 본다. 즉, 광복 당시의 교육여건은 일본 강점기에 존재했던 4년제 소학교를 의무교육으로 운영하기도 벅찬 실정이었다. 그런데도 이런 사회 여건과는 다른, 그리고 사회 요청과는 무관한 서구의 학제를 채택한 것은 정치적 결정에 의한 것이다. 즉, 정치적 영향으로 인하여 전통 가치를 추구하던 다양한 학제는 사라지고, 단선형 학제에 따라서 평등과 획일성만을 추구하게 되었다고 본다.

이스라엘은 건국 이전에 설립된 교육기관은 전통 학제에 따라 교육을 시작하였고, 건국 후에는 사회의 요청에 따라 새로운 학제를 정치적 결정에 의하여 채택하였다. 그러나 정치적 영향은 전통 학제를 자유롭게 선택할 수 있도록 교육과 사회의 영향력에 위임하였다. 그 결과로 현재도 약 25%의 전통 학제를 유지하는 다양성을 발휘하고 있는데, 이는 교육적 필요를 정치권이 보조하고 있는 점으로 한국의 교육정책에서 나타나고 있는 정치력과 대조를 이룬다. 이상과 같은 내용들을 요약 비교하면 〈표 56〉과 같다.

〈표 56〉 분석준거에 의한 한국과 이스라엘의 교육제도 운영 정책 비교

구분 / 분석준거	분석내용	한 국	이스라엘	비교특징
전통 대 현대 가치	장학방침	전통, 현대	전통, 현대	한국 - 교육목적이 추구하는 가치와 이하의 교육정책의 가치가 다르다
	학교제도	현대		
	교육부 직제			
개인 대 사회 요청	입시제도	사회	개인	이스라엘 - 경쟁선발
	학교제도	개인	개인, 사회	이스라엘 - 복선형
목적 대 수단	교육부 명칭	수단	수단	이스라엘 - 수단이 강함
	입시제도		목적, 수단	한국 - 이념과는 다른 수단성격을 추구함
	사학정책			
수월 대 평등교육	입시제도	평등	수월	이스라엘 - 전체적으로 수월성 추구하는 경향이 강함
	학교제도			
	의무교육		평등, 수월	
	교원단체		수월	
정치 대 교육 관계	입시제도	정치	정치, 교육	한국 - 정치 영향이 역기능에 치우침. 이스라엘 - 순기능 역할
	학교제도			
	일반 대 실업학교			
	의무교육			

5. 교육정책 영역과 분석준거에 의한 종합비교

이상과 같이 한국과 이스라엘의 교육정책이 추구하고 있는 "가치"를 교육정책 영역별로 비교하는 한편 추출한 분석준거에 의하여 비교하여 보았다. 이와 같이 양면으로 구분하여 비교를 한 취지는 동일한 현상이라도 비교의 기준을 달리함으로써 나타난 특성을 비교적 객관적으로 찾아보자는 데 있다. 그 결과로 외형적인 면에서는 유사하다고 보였던 점도 내면적으로는 양국의 교육정책이 추구하는 가치를 다르게 분석할

수 있었다. 이와 같이 실시한 비교를 종합하였을 때 나타나는 전반적인 특징은 다음과 같다.

첫째, 한국의 교육정책은 유교문화의 영향으로 교육목적이 개인을 중심으로 하는 교육관인 데 비하여 이스라엘은 유대교 사상에 따라 사회와 국가를 중심으로 하는 교육관이 크다고 본다. 그리고 이런 교육관에 따라 한국과 이스라엘의 교육정책은 추구하는 가치에서 차이를 나타내고 있다.

둘째, 한국은 교육이념과 목적 정책이 추구하는 가치와 후속적인 교육과정, 교육자원 및 교육제도 운영방법 등의 가치추구와 상반되어 나타나고 있는 데 비하여 이스라엘은 교육이념과 목적이 추구하는 가치와 이하의 정책이 추구하는 가치가 비교적 일치하고 있다. 따라서 한국의 교육정책이 추구하는 가치체계의 상이함 때문에 교육성과는 감소된다고 볼 수 있는데 이런 원인은 유교문화에 따른 관료행정의 영향이 교육적 요구에 역기능적으로 작용하기 때문이라고 본다. 그러나 이스라엘의 교육정책은 정치적 영향이 교육적 요구에 순기능으로 작용하고 있기에 IMD가 발표한 것과 같은 교육행정 평가에서 우위를 나타낸다고 본다. 이와 같은 전반적인 비교특징을 분석준거별로 나누어 정리하면 다음과 같다.

① 전통 대 현대 가치에서 교육이념과 목적 정책은 한국과 이스라엘 모두 전통 가치와 현대 가치를 추구하고 있는 점은 유사하였다. 교육과정 정책은 한국이 전통 가치를 추구하는 경향은 미약한 데 비하여 이스라엘은 전통 가치를 추구하도록 국가교육과정은 제시하고 있다. 교육자원 정책은 한국이 전통적인 유교사상에 따라 교육비를 사적부담에 의지하는 전통을 유지하고 있으나 이스라엘은 유대사상을 교육하는 것이 곧 국가정체성을 유지하는 것이기에 종교교육을 강화하도록 국가가 교육비를 부담하고 있다. 특히, 교원의 신분이 전임제와 시간제를 병행하고 있는 점은 한국의 교

원신분과 대조를 이루고 있다. 교육제도 운영 정책에서 한국은 단선형 학제와 평준화입시제도라는 정책에서 나타나듯이 전통보다는 현대 가치를 추구한다고 본다. 그러나 이스라엘은 복선형 학제유지와 경쟁에 의한 입시제도를 유지하고 있는 점에서 전통 가치와 현대 가치를 모두 추구하고 있다.

② 개인 대 사회 요청에서 한국과 이스라엘의 교육이념과 목적 정책은 양자 모두를 수용하는 유사성을 나타낸다. 교육과정 정책에서도 양국은 사회 요청이 개인 요청에 우선하는 유사함을 나타내고 있지만 교육자원 정책에서는 차이점을 나타내고 있다. 즉, 한국은 유교사상의 영향으로 교사의 신분이 전임제인 데 비하여 이스라엘은 시간제를 겸하고 있다. 그리고 교육비를 부담하는 주체도 교육본질이 추구하는 경향의 영향으로 한국은 개인 요청에 따라 수익자가 부담하고 있고, 이스라엘은 사회 요청에 따른다는 점에서 국가가 부담하고 있다. 교육제도 운영 정책은 한국이 사회 요청에 따른 평준화 입시제도와 학제 등을 운영하는 데 비하여 이스라엘은 수월성 교육이 추구하는 교육목적을 개인 요청이라고 보고 경쟁에 의한 입시제도와 복선형 학제를 유지하고 있다.

③ 목적 대 수단에서 한국은 교육이념과 목적에서 추구하는 교육본질이 유교 교육관에 따라 "목적"을 나타내고 있으나 이하의 교육정책은 "수단"을 추구하는 상반된 정책을 수립하고 있다. 그러나 이스라엘은 교육이념이 추구하는 가치가 "수단"으로 이하의 교육정책과 일관되게 유지하고 있어 한국과는 차이점이 나타난다. 이런 점에서 한국의 교육정책은 일관성과 지속성을 유지하지 못하고 있는데, 교육목적은 교육이 최종적으로 추구하는 이상이며 교육과정과 교육자원 및 교육제도 운영은 교육목적을 실천하는 방법이라고 볼 때 이러한 상반된 정책은 커다란 문제점이라고 본다.

④ 수월 대 평등 관계에서 양국의 교육이념과 목적 정책은 양면을

모두 수용하는 유사함을 나타내고 있다. 그러나 한국이 후속의 정책에서 추구하는 경향은 평등교육만을 추구하는 성향이 큰 데 비하여 이스라엘은 평등교육과 수월성 교육을 모두 추구하는 경향이 많다고 본다. 이런 교육정책의 결과는 한국에 비하여 이스라엘이 전반적으로 높은 교육성과를 거두고 있다고 볼 수 있다.

⑤ 정치 대 교육 영향력에서 한국과 이스라엘의 교육이념과 목적이 정치적 영향을 많이 받고 있다는 점은 유사하다. 그러나 이스라엘은 정치적 영향 외에 교육적 영향을 대등하게 수용하고 있는 점이 한국과의 차이점이다. 또한 교육과정 정책, 교육자원 정책 및 교육제도 운영 정책에서도 한국은 교육적 요청보다는 정치적 영향이 크게 작용하는 경향인데 이는 정치적 영향력이 역기능에 해당하는 역할을 한다고 본다. 그러나 이스라엘은 유대종교가 곧 유대문화이며 유대민족을 위한 교유한 이념이라는 일치된 사상에 따라 정치적 영향이 교육적 요청을 지원하는 순기능 역할을 하고 있는 점이 한국과의 차이점이다.

이상과 같이 종합 비교한 내용을 정리하면 〈표 57〉과 같다.

〈표 57〉 한국과 이스라엘의 교육정책 영역별, 분석준거별 종합비교표

구분	교육이념 및 목적		교육과정		교육자원		교육제도 운영	
	한 국	이스라엘	한 국	이스라엘	한 국	이스라엘	한 국	이스라엘
전통 대 현대 가치	전통과 현대 가치를 수용	전통과 현대 가치를 양국 모두 수용	현대 가치를 우선	전통과 현대 가치 모두 수용	전통 가치를 우선	전통과 현대 가치 모두 수용	현대 가치를 우선	전통과 현대 가치 모두 수용
개인 대 사회 요청	개인과 사회 요청 모두 수용	개인과 사회 요청 모두 수용	사회 요청을 우선	사회 요청을 우선	개인 요청을 우선	사회 요청을 우선	사회 요청을 우선	개인 요청을 우선
목적 대 수단	목적에 비중을 둠	수단에 비중을 둠	수단에 비중을 둠	수단에 비중을 둠	목적에 비중을 둠	수단에 비중을 둠	수단에 비중을 둠	목적과 수단 양면을 수용
수월 대 평등교육	수월과 평등교육 모두 추구	수월과 평등교육 모두 추구	평등교육 추구	수월성 교육 추구	평등교육 추구	수월성 교육 추구	평등교육 추구	수월성 교육 추구
정치 대 교육 관계	정치 영향이 교육 요청보다 강함	정치력이 교육 요청을 지원	정치 영향이 교육 요청보다 강함	정치력이 교육 요청을 지원	정치 영향이 교육 요청보다 강함	정치력이 교육 요청을 지원	정치 영향이 교육 요청보다 강함	정치력이 교육 요청을 지원

Ⅴ. 요약 및 결론

이 장에서는 이제까지 수행한 한국과 이스라엘의 교육정책의 비교내용을 추출한 다섯 개의 분석준거를 중심으로 요약하여 제시한다. 그리고 이 연구를 통해 얻은 결론과 이 연구가 한국의 교육정책에 시사하는 점을 제시한다.

1. 요 약

21세기 지식정보화 시대는 세계화 추세에 따라 국가경쟁력을 향상시키기 위하여 세계는 교육개혁을 추진하고 있다. 한국도 이와 같은 세계화의 경향에 따라 교육성과를 향상시키기 위한 교육개혁을 추진하고 있으나 국민과 사회는 이에 대하여 많은 문제점을 지적하고 있다. 현시점에서 이와 같이 제기되고 있는 한국의 교육현상에 대한 문제점을 객관적으로 파악하고 이를 개선하기 위한 교육정책을 수립할 필요성에서 이스라엘과의 비교연구를 하였다. 비교대상 국가는 한국과 비교적 유사한 상황에서 교육성과가 높다고 평가되고 있는 이스라엘을 선정하여 교육이념 및 목적정책, 교육과정 정책, 교육자원 정책 및 교육제도 운영 정책을 중심으로 한국의 교육정책과 비교한 것이다.

그리고 이 연구의 목적은 한국과 이스라엘의 교육성책을 비교하여 교육정책의 차이점과 유사점을 발견하여 한국 교육정책의 개선에 대한 시사점을 얻고자 하는 데 있으며 구체적인 연구목표는 다음과 같다.

첫째, 양국의 교육이념 및 목적 정책을 비교하여 차이점과 유사점을 밝힌다.

둘째, 양국의 교육과정 정책을 비교하여 차이점과 유사점을 밝힌다.

셋째, 양국의 교육자원 정책을 비교하여 차이점과 유사점을 밝힌다.

넷째, 양국의 교육제도 운영 정책을 비교하여 차이점과 유사점을 밝힌다.

이상과 같은 연구목적을 달성하기 위하여 연구방법은 Bereday의 연구모형에 따라 다음과 같은 절차로 수행하였다.

첫째, 1단계는 자료수집 및 기술단계로 한국과 이스라엘의 사회적 배경 자료와 교육관련 자료를 수집하였다. 가능한 한 원자료를 수집하도록 하고 한국에서 수행된 선행 연구물과 학술지 등의 자료수집에 주력하였다.

둘째, 설명 및 해석단계인 2단계에서는 1단계에서 수집된 자료들을 선별하여 설명과 함께 3장에 기술하였다. 특히 교육현상은 사회적 배경 등 제 여건과 복합적으로 작용하여 형성되었다는 점에서 양국의 종교적 특성에 유의하였다.

셋째, 3단계는 병치단계로 한국과 이스라엘의 사회적 배경과 교육 자료를 검토하면서 분석준거를 추출하도록 하는데, 분석준거는 잠정적으로 예측되는 사항들에 초점을 두고 추출하여 3장 후미에 제시하였다.

넷째, 4단계는 교육정책 영역별로 분석준거에 의하여 한국과 이스라엘의 교육정책을 동시에 비교분석하고 이를 4장에 기술하였다.

다섯째, 비교연구 결과를 요약하고 종합적인 결론과 한국의 교육정책 수립을 위한 시사점을 5장에 제시하였다.

이와 같은 연구절차에 따라 한국과 이스라엘의 교육정책이 추구하는 가치를 중심으로 추출한 분석준거는 ① 전통 대 현대의 가치 ② 개인 대 사회 요청의 가치 ③ 목적 대 수단의 가치 ④ 수월 대 평등교육의 가치 ⑤ 정치 대 교육 관계의 가치에 비중을 두었다.

이와 같이 추출한 분석준거를 분석기준으로 하여 연구절차에 따라 수행한 비교분석 내용을 교육정책 영역에 따라 요약하면 다음과 같다.

가. 교육이념 및 목적 정책의 비교 결과

전통 대 현대 가치의 분석준거로 볼 때 한국의 "홍익인간"과 이스라엘의 "시온이즘"은 전통 가치와 현대 가치를 모두 충족시키고 있다. 이런 분석은 교육이념이 국가의 이상을 표현하고 있다는 기본 논리에 따른 것이다. 만약 교육이념이 이와 같은 가치를 충족시키지 못하고 있다면 교육이념이 기능을 상실한 것으로 더 이상 논의할 가치가 없다고 본다. 그러나 교육이념이 추구하는 경향에서 한국의 교육목적은 추상적, 비과학적으로 현실성이 결여되었다는 점에서 현대적 가치가 미약하다고 보는 반면 이스라엘은 현실 문제인 사회적 통합을 추구한다는 점이 현대 가치를 한국보다 더 강조한다고 할 수 있다.

개인 대 사회 요청의 측면에서 볼 때 한국과 이스라엘 모두 양면을 수용하는 점에서 비슷한데, 이와 같은 분석은 교육이념과 목적이 개인의 가치를 바탕으로 사회와 국가의 번영을 도모한다는 일반적 논리에 따랐다. 그러나 전반적으로 이스라엘이 한국에 비하여 사회적 요청에 더 비중을 두고 있다고 할 수 있다.

교육본질이 추구하는 목적 대 수단이라는 측면에서 보면 교육본질이 추구하는 경향은 양국이 차이를 나타내고 있는데, 한국은 유학사상의 영향으로 "목적"을 우선하는 경향인 이스라엘은 "사회적 통합"을 위해 교육을 실시한다는 점에서 "수단"을 우선한다고 할 수 있다.

수월 대 평등교육 측면에서 볼 때 한국과 이스라엘이 모두 수용한다는 점에서 유사한데, 이와 같은 분석은 기본적으로 국가의 교육이념과 목적은 수월성과 평등교육을 위한 기회균등을 내포하고 있다는 점과 양국의 교육목표와 장학지침을 보면 알 수 있다.

정치 대 교육 관계 측면에서 보면 전체적으로 한국은 정치적 영향이 교육적 요청에 우선하여 작용하는 반면 이스라엘은 정치적 영향이 교육적 요청보다 크지만 정치적 영향은 교육적 요청을 지원하는 순기능 역할을 한다고 본다.

나. 교육과정 정책의 비교 결과

전통 대 현대 가치 측면에서 보면 한국은 현대 가치를 우선하는 데 비하여 이스라엘은 전통 가치와 현대 가치를 모두 수용하고 있다. 한국은 유학사상 등과 같은 전통 교과를 상실하고 사학의 설립이념과 목적도 입시제도에 의하여 전통 가치를 상실하고 있다. 그러나 이스라엘은 유대문화와 전통을 계승하기 위하여 다양한 유형의 학교를 설립하고 전통 교과도 필수로 교육하고 있다. 또한 사학도 설립목적을 달성하도록 사립학교에 많은 자율권을 부여하고 있다는 점은 한국의 교육과정 정책에는 나타나지 않는 차이점이다.

개인 대 사회 요청의 측면에서 볼 때 양국이 국가교육과정을 적용하고 있어 개인보다는 사회 요청을 수용한다는 점에서 유사하다. 사학정책의 경우에는 한국이 평준화 입시제도로 인하여 개인 요청보다는 사회 요청의 영향이 큰 데 비하여 이스라엘은 사학 자율권이 허용되어 있다는 점에서 개인과 사회 요청을 모두 수용하고 있다.

목적 대 수단 측면에서 볼 때 한국은 전통 교과가 미미하다는 점에서 현대 가치를 추구하는 "수단"의 성격이 강하고 이스라엘 역시 사회적 통합을 위해 교육을 실시한다는 점에서 "수단"에 해당하는 교육본질을 추구한다고 본다. 이런 점에서 양국의 교육본질이 추구하는 성향은 유사하다.

수월 대 평등교육의 측면에서 보면 한국은 전반적으로 평등교육을 추구하는 현상이 나타나고 있다. 이스라엘은 국가교육과정을 적용하고 있다는 점에서 평등교육을 추구하는 측면이 있지만 영재교육을 다양하게 제공하고 있는 점과 입시제도에 의하여 학교선택을 자유롭게 한다는 점에서 수월성을 추구하고 있다.

정치 대 교육 관계의 측면에서 볼 때 한국은 전체적으로 정치적 영향력이 교육적 요청을 지배한다고 본다. 특히 국가교육과정, 선택교과, 평가체제 및 학교유형 등에서 정치적 영향력은 강하게 작용하고 있다. 이스라엘도 정치적 영향이 작용한다는 점은 한국과 유사하지만 교육적 요청을 정치권이 지원한다는 점에서 한국과 다르다.

다. 교육자원 정책의 비교 결과

전통 대 현대 가치 수용 측면에서 보면 한국은 교육이 개인적 가치를 추구한다는 유학사상으로 교육비를 수익자 부담으로 한다는 점과 교육의 주체를 교사로 보는 경향이 있다는 점에서 전통 가치를 우선한다고 본다. 그러나 이스라엘은 사회통합을 위해 교육을 실시한다는 교육목적과 학생의 교육욕구를 수용하도록 교과 선택과 교원임용을 한다는 점에서 현대 가치를 추구하는 경향이라고 본다. 또한 국가와 유대문화를 계승하기 위하여 교육비를 국가가 부담한다는 점은 전통 가치를 우선하는 것으로 본다.

개인 대 사회 요청 측면에서 한국은 교육이 개인요청에 따라 실시한다는 유학의 교육목적을 참작할 때 개인요청을 우선한다고 보는 데 비하여 이스라엘은 교육비를 국가가 부담한다는 점에서 개인요청보다는 사회 요청을 우선하고 있다.

목적 대 수단 측면에서 보면 한국은 유학사상이 추구하는 교육본질이 "수신"이라는 점에서 추구하는 가치가 "목적"을 우선한다고 보는 데 비하여 이스라엘은 교육을 통한 사회통합을 시도하고 있다는 점에서 "수단적 가치"에 기울고 있다.

수월 내 평등교육 측면에서 볼 때 한국은 학급 및 학교규모와 같은 교육여건과 교원신분이 전임제라는 측면에서 평등교육을 추구하는 경향이라고 보는 데 비하여 이스라엘은 모든 교육여건이 수월성 교육을 추구할 수 있도록 구비되어 있는데, 이는 평등을 바탕으로 수월성 교육을 추구하는 것으로 볼 수 있다. 즉, 한국은 양적 성장에 머물러 있는 데 비하여 이스라엘은 양적 성장 위에서 질적 보장을 추구하고 있다고 본다.

정치 대 교육 관계 측면에서 한국은 전반적으로 교육재정 확보, 교원신분 및 교육환경 등에서 정치적 영향이 교육적 요청을 지배하면서 역기능을 하고 있다. 그러나 이스라엘은 교육적 요청과 정치적 영향이 적절히 조화를 이루고 있다.

라. 교육제도 운영 정책의 비교 결과

전통 대 현대 가치의 측면에서 볼 때 양국의 교육목표와 장학방침이 양면을 모두 수용하는 점에서 유사하지만 교육부 직제와 학교제도 등을 보면 한국이 현대 가치만을 수용하고 있는 데 비하여 이스라엘은 양면을 모두 수용한다고 보았다. 특히 이스라엘의 학제가 복선형인 점은 전통 가치를 추구한다는 정책의지가 작용한 것이라고 볼 수 있다.

개인 대 사회 요청 측면에서 한국의 입시제도와 학제는 사회 요청만을 수용하는 데 비하여 이스라엘은 입시제도가 개인 요청을 기본으로 사회 요청을 수용하는 선발제도를 유지하고 있다.

목적 대 수단 측면에서 보면 한국은 교육부 명칭, 평준화 입시제도 및 사학정책에서 "수단"적 성격이 우선하는 경향이다. 이에 비하여 이스라엘은 입시제도에서 학문적 목적을 달성하려는 일반학교를 유지하는 정책과 학생의 희망에 따라 종교학교로 진학할 수 있는 사학정책으로 보아 "목적"과 "수단"을 동시에 추구한다고 본다.

수월 대 평등교육의 측면에서 볼 때 한국은 입시제도, 학제, 의무교육 및 교원단체의 성향 등을 보면 평등교육을 추구하는 경향이라고 보는 데 비하여 이스라엘은 의무교육에서는 평등을 추구하지만 그 외의 교육제도는 모두 수월성 교육을 추구하고 있다. 특히, 교원연합은 건국 이전부터 수월성 교육을 위한 인문학교 설립과 유지를 하고 있다는 점이 한국과는 대조적인 차이점이다.

정치 대 교육 관계 측면에서 나타나고 있는 특징은 한국이 정치적 영향이 크고 동시에 역기능을 나타내고 있는 데 비하여 이스라엘은 교육적 요청을 정치적 영향력이 지원하는 것으로 볼 수 있다. 이와 같은 차이를 나타내는 원인은 양국의 사회문화 특히, 유교와 유대교의 영향이 크다고 본다.

2. 결 론

지금까지 한국과 이스라엘의 교육정책을 네 개의 영역을 다섯 개의 분석준거를 중심으로 비교분석한 결과를 바탕으로 결론을 추출하고자 한다.

첫째, 한국과 이스라엘의 교육이념과 목적 정책은 전통과 현대 가치를 모두 추구하고 있는 점은 동일하였지만 이를 구현하는 교육과정 정책과 교육자원 정책 및 교육제도 운영 정책이 추구하는 가치는 차이가 있다. 특히 한국의 교육정책이 현대 가치만을 추구하는 경향이 있는데 이는 곧 상대적으로 전통 가치를 상실하고 있다는 의미이다. 그러나 이스라엘은 교육목적이 추구하는 가치와 이하의 교육정책이 추구하는 가치가 일관되게 유지되고 있다. 이러한 분석결과를 토대로 볼 때 양국의 교육정책이 추구하는 가치체계가 차이를 나타내고 있는 원인은 한국의 교육이념과 목적정책이 추구하는 가치가 설정과정에서 현실과는 거리가 먼 비사실적, 추상적 용어로 기술한 데 원인이 있다고 본다. 또 하나의 원인은 한국의 교육사를 이끌어 온 유학사상에 대한 잘못된 접근과 적용으로 교육본질이 "목적"에 해당하는 가치추구에 집중된 결과이다. 유학에 대한 이러한 편견은 "일본 강점기"에 한국문화를 단절하려는 일본의 식민정책의 영향이 크다고 본다.

둘째, 개인 요청과 사회 요청의 관점에서 볼 때 한국은 주로 사회 요청에 따르는 경향이 있는 데 비하여 이스라엘은 개인 요청을 우선하는 경향이 나타나고 있다. 또한 한국의 교육관은 유교문화에 나타나는 개인 중심의 교육관을 따르는 교육이념과 목적을 가지고 있지만 구현을 위한 교육과정과 교육제도는 사회 요청을 우선하는 문제점이 있다. 이러한 차이점을 조장하는 원인은 한국의 평준화 정책과 같은 입시제도의 영향이라고 본다.

전체적으로 볼 때 한국과 이스라엘의 교육정책이 개인의 요청과 사회적 요청을 수용하는 입장에서 차이를 나타내고 있는 원인은 한국의 유학사상과 이스라엘의 유대교 사상이 내재하고 있는 가치의 차이라고 볼 수 있다. 그리고 이런 영향으로 교육비를 부담하는 주체를 개인과 국가라는 상반된 입장이 나온다.

셋째, 목적과 수단의 준거에서 볼 때 한국은 교육이념이 "목적"에 해당하는 가치를 추구하고 있는 데 반하여 교육과정 정책과 교육제도 운영 정책은 "수단"을 우선하는 상반된 경향인 데 비하여 이스라엘은 교육이념이 추구하는 "수단"이 후속의 교육정책에서 일관되게 추구하고 있다. 이와 같은 결과로 볼 때 한국의 교육이념과 목적은 현실보다는 이상을 추구하는 유교사상의 영향이 크게 작용하고 이스라엘은 이상을 실현하기 위해서는 현실을 바탕으로 추구해야 한다는 유대교 사상의 영향이라고 본다. 이로 인하여 한국은 인문과 사회학을 선호하는 사회풍토가 우세한 데 비하여 이스라엘은 과학과 기술을 중시하는 교육정책을 추구한다고 본다.

넷째, 수월성과 평등교육의 준거에서 한국의 교육이념과 목적 정책은 수월성과 평등교육을 동시에 추구하고 있는데도 이를 구현하기 위한 교육과정 정책과 교육자원 및 교육제도 운영 정책은 평등교육만을 추구하는 데 비하여 이스라엘은 평등교육의 기반 위에 수월성 교육도 동시에 추구하고 있다. 이와 같은 차이점은 한국의 교육제도가 단선형 학제를 채택하고 있는 점과 교원신분이 전임제라는 데 따른 것으로 볼 수 있다. 이를 양적 성장과 질적 성장에서 비교하면 이스라엘은 평등 교육을 추구하는 양적 성장과 수월성을 추구하는 질적 성장을 동시에 추구하는 교육정책을 구현하지만 한국은 양적 성장에 머무는 평등교육 에 치중하는 교육정책으로 질적 성장을 추구하는 수월성 교육을 구현 하지 못하고 있다고 본다. 이는 교육정책이 개인보다는 사회 요청을 우선하는 가치를 추구하는 데 따른 영향이라고 본다.

다섯째, 정치적 영향력과 교육적 요청의 측면에서 한국은 전반적으 로 정치적 영향이 큰 데 비하여 이스라엘은 정치적 영향이 교육적 요 청을 지원하는 수평관계를 유지한다고 볼 수 있다. 이와 같은 현상은 양국의 교육이념에 따른 결과로 볼 수 있는데 특히, 이스라엘은 종교 이념과 국가 및 교육이념과 동일하여 정치력은 교육적 요청을 지원하 는 순기능을 하게 된 것으로 볼 수 있다. 그러나 한국의 교육이념은 유교사상에 따라 현실보다는 이상을 추구하고 있기에 비교적 현실에 기반을 두고 있어 정치력은 교육적 요청을 지원보다는 통제하는 역기 능을 갖게 되었다고 본다. 또한 한국의 유교문화에 따라 형성된 관료 제도가 정치적 권력을 최상위에 놓는 잘못된 관행에 따라 사회제도의 하나인 교육제도를 종속관계로 보는 영향도 크게 작용했다고 본다. 그 리고 이와 같은 정치적 역할과 기능은 사회 안정과 국력향상 및 경제 성장에 영향을 미치고 있다고 본다.

여섯째, 이와 같이 한국과 이스라엘의 교육정책이 추구하는 가치를 결정하는 요인은 양국의 토착적 종교인 유교와 유대교 사상이 많은 영 향을 주었는데 특히, 이스라엘은 유대교의 영향이 절대적이라고 볼 수 있다.

이상과 같은 결론을 기반으로 한국의 교육정책 수립과 집행에 시사하는 점을 찾아보면 다음과 같다.

첫째, 교육이념 및 목적 정책이 추구하는 가치와 이를 구현하는 교육과정, 교육자원 및 교육제도 운영 정책이 추구하는 가치를 일관되게 유지하도록 해야 한다.

둘째, 교육과정 정책은 전통 가치와 현대적 가치를 조화롭게 하여 세계화 시대에서 약화될 위험이 가중되는 국가정체성 확립을 도모해야 한다.

셋째, 교육제도 운영은 개인차를 고려한 수월성 교육을 실시할 수 있도록 개선되어야 하고, 교육과정에서도 학생의 선택권을 확대해야 한다.

넷째, 교육재정 확보를 위한 정치적 결단은 시급하며 정치적 영향력은 교육적 요청을 지원하는 순기능을 발휘하도록 해야 한다.

다섯째, 적절한 선발기능은 교육성과의 향상과 교육풍토를 개선하는 촉매가 된다는 점에서 교육이 경쟁력을 수반할 수 있도록 입시제도는 개선되어야 한다.

여섯째, 가정교육은 유교문화의 전통으로 공교육의 바탕으로 중요하다는 점에서 가정교육의 전통과 역할을 강화하도록 해야 한다.

일곱째, 국가가 가지는 공교육 의무를 지원하는 동반자로 사학을 재인식하고, 사학의 설립목적이 유지되도록 사학을 규제하기보다는 지원·조장하는 사학정책을 수립해야 한다.

참고문헌

강경종(2001). 통합형 고등학교 운영방안 연구. 한국직업능력개발원.

강경훈(1998). 조선조 서원의 교육제도 연구. 향토사료 2집. 의정부시 향토사연구회.

강무섭 외(1999). 실업계 고등학교 종합대책 연구. 한국직업능력개발원.

강선보(2004). 이스라엘의 중등교육과 개혁동향. 한국교육학연구 10(1). 19-41.

강신택(1985). 정책학 원론. 서울: 법문사.

경기도교육청(2002). 학교회계예산편성 기본지침. 경기도교육청.

곽병선(2002). 21C 교육선언(안) 추진경위와 전문가의견분석. 교육인적자원정책위원회.

교육개혁위원회(1997). 세계화·정보화 시대를 주도하는 신교육체제 수립을 위한 교육개혁 방안(IV). 교육인적자원부.

교육인적자원부(2000). 국제교육백서. 한국교육개발원.

_____a(2003). 통계로 본 유·초등교육. 한국교육개발원.

_____b(2003). 통계로 본 중등교육. 한국교육개발원.

_____c(2003). 통계로 본 우리교육. 한국교육개발원.

_____d(2003). 간추린 교육통계. 한국교육개발원.

_____e(2003). 2003 교육통계분석 자료집. 한국교육개발원.

_____f(2003). OECD 교육지표. 한국교육개발원.

_____(2002). 국가인적자원개발 관련 핵심 추진과제. 한국교육개발원.

구자억 외(1999). 세계의 교육혁명. 서울: 문음사.

권대봉(2003). 인적자원 개발의 교육 패러다임, 어떻게 볼 것인가? 교육환경의 변화와 교육정책의 과제. 서울: 아산사회복지재단.

권오정(1989). 국가주의 교육이념과 교원교육. 국내외 교사양성제도에 관한 연구. 한국교원대학교 교육연구원

권옥분(2002). 자녀교육에 관한 연구. 베뢰아대학원대학교 석사학위논문.

금장태(1992). 한국유교의 이해. 종교사회총서 2. 서울: 민족문화사.

김경묵, 우종익(2001). 이야기 세계사 Ⅰ, Ⅱ. 서울: 청아출판사.

김계순(2003). 영재교육 해외연수 보고서. 서울특별시교육청.

김귀년(1998). 세계의 교육과 중등사학. 서울: 성문사.

김기환 외(1993). 정부주도형 성장의 사례. 세계은행의 국가별 연구(한국편). KDI.

김남순(2001). 지방자치단체와 교육재정. 교육재정경제학백과사전. 서울: 하우동설.

김대현(2001). 한국교육의 신자유주의적 정치적 지형. 한국교육, 28(2). 277-300.

김두정 외(1999). 교육과정·교육평가 국제비교연구. 한국교육과정평가원.

김명수(1998). 인적자본론. 교육학 대백과 사전. 서울: 하우동설.

김미숙(2003). 소규모 학급의 교육적 효과. 교육정책포럼 54호. 한국교육개발원.

김성열(1993). 1980년대 교육민주화운동 주도교사들의 정책주장과 논리연구. 서울대학교대학원 박사학위논문.

김성한(1988). 대학생 군사교육제도의 실태와 개선방안. 충남대학교행정대학원 석사학위논문.

김순남(2001). **이스라엘 교육체제의 행·재정 분석**. 경북대학교 과학교
　　육연구소.

김영우(1995). 학교제도-한국 근대학제 100년사. 서울: 도서출판 하우.

김영철(2003). 특수목적형 고등학교 운영실태 및 진단. **특수목적형 고등학**
　　교 운영실태 및 진단에 관한 세미나(RM2003-9). 한국교육개발원.

_____(2004). 서울시 지역 간 교육격차 실태와 해소방안. KEDI Position
　　Paper 1권 7호. 한국교육개발원.

김옥순(1993). **비교교육론** Ⅰ. 서울: 교육과학사.

김용일(1999). 신자유주의 교육개혁의 성과와 한계. **교육학연구**, 37(3). 435.

김윤태(2001). 교육재원의 확보. **교육재정경제학백과사전**. 서울: 하우동설.

김은진(2000). **과학 수행평가 틀의 개발**. 서울대학교대학원 박사학위 논문.

김정래(1998). 교육의 목적. **교육학대백과사전**. 서울: 하우동설.

김정우 역(2001). **성전 탈무드**. 서울: 솔빛 출판사.

김종철, 진동섭, 허병기(1996). **교육정책**. 서울: 한국방송대학교 출판부.

김종철(2001). **세계안의 한국교육**. 서울: (주)한국학술정보.

김현원(1991). **이스라엘 키브츠의 공동체 의식 형성과정에 관한 연구**.
　　한양대학교 석사학위논문.

김형관, 권두승(1990). 한국대학의 이념 및 기능변화에 관한 분석적 연
　　구. **교육문제연구**: 제3집. 고려대학교 교육문제연구소.

김회우(2004). 리더쉽과 창의력을 개발하는 이스라엘 교육. **제5회 이스**
　　라엘 전문가 초청 국제 심포지움. 이스라엘 문화원.

나정(2001). **유아교육지표 개발**(RR 2001-3). 한국교육개발원.

노종희 외(2002). **교육행정기관의 행정실태 및 개선방안 연구**
　　(RR2002-17). 한국교육개발원.

204

노현욱(1997). 이스라엘 교육의 뿌리가 되는 묻기와 답하기 양식연구. 장로회 신학대학교 석사학위논문.

도흥문(1992). 교원보수 수준의 상대적 비교연구. 한국교원대학교 석사학위논문.

문교부(1958). 문교개관. 문교부.

문화관광부(2003). 청소년백서. 문화관광부.

민관식(1975). 한국교육의 개혁과 진로. 서울: 광명출판사.

민병수 외(2004). 한국사상. 서울: 우석출판사.

민병제(2002). 교육정책 종합평가모형 개발을 위한 연구. 중앙대학교 박사학위논문.

박도순 외(2001). 교과서 심의·채택제도 국제비교 연구. 한국교과서 연구재단.

박동서(1974). 인사행정론. 서울: 법문사.

박동순(1996). 이스라엘의 영어교육. 교육월보, 10월호, 75-81. 교육인적자원부.

박민경 역(2001). 유태인의 천재 교육. 서울: 민중서원.

박부권, 정재걸(1989). 교육이념과 홍익인간(RR 89-21). 한국교육개발원.

박병진(1999). 학교조직, 교사참여 확대와 직무만족도: 거시-미시 연계분석. 콜로키움. 고려대학교 한국사회문제연구소.

박우순(1999). 한국의 행정문화와 지식정부의 가능성. 사회과학논집, 17(1), 한국외국어대학교.

박인칠(1998). 성경시대 생활방식과 관습. Faith Theological Seminary 박사학위논문.

박의수(1991). 율곡 교육사상의 인식론적 연구. 고려대학교 박사학위논문.

박재선(2001). 세계사의 주역 유태인. 서울: 모아드림.

박주석(1985). 주요국 지방교육 행정조직의 비교연구. 동국대학교 석사
　　　학위논문.

백종억(2002). 주요국의 교육행정제도와 교육개혁 동향. 서울: 교육과학사.

백현기(1964). 교육정책 연구. 서울: 교육자료사.

서작용(1984). 한·중 양국 초·중등학교 교원 인사행정제도에 관한 비
　　　교연구. 서울대학교 석사학위논문.

성의정(1977). 이스라엘 교육제도에 관한 고찰. 이화여자대학교 석사학
　　　위논문.

손인수(1989). 한국유교사상사 3. 서울: 문음사.

　　　(1998). 한국 근대학교의 설립과 교육이념 연구. 교수논총, 14(1),
　　　37. 한국교원대학교.

손직수(1982). 조선 시대 여성교육의 연구. 서울: 성균관대학교출판부.

신득렬(2004). 교육이념과 학교교육. 학교교육 50년 반성과 전망. 한국
　　　교원대학교.

안규철(1993). 초등 교육제도 및 교육과정 국제비교연구. 전남대학교
　　　석사학위논문.

안병주(1990). 유교의 민본사상에 관한 연구. 성균관대학교 박사학위논문.

엄익명(1980). 각국의 교육행정가양성제도에 관한 비교연구. 경북대학
　　　교 석사학위논문.

오천석(1973). 교육철학신강. 서울: 교학사.

오헌석(2002). 국가인적자원개발관리 모델과 인적자원정책 방향의 탐
　　　색. 아시아 교육연구, 3(2), 195. 서울대학교 교육연구소.

유상영 외(2001). 국가전략의 대전환. 서울: 삼성경제연구소.

유안진(1982). 2000년대를 향한 한국인상. 가정교육. 서울: 현대사회연구소.

_____(1990). 한국 전통사회의 유아교육. 서울: 서울대학교출판부.

유훈(1982). 행정학원론. 서울: 법문사.

육군본부(1986). 대한민국 학생군사교육 발전사. 서울: 삼문인쇄(주).

윤선구(1999). 제3의 길; 신자유주의에 대한 한국적 대응 모색. 당대비평(6권). 서울: 삼인.

윤정일(1998). 교육재정학; 교육학대백과사전. 서울: 하우동설.

_____(2001). 교육재정학. 교육재정경제학백과사전. 서울: 하우동설.

이규환(1990). 선진국의 교육제도, 서울: 배영사.

이금만(1999). 초기 이스라엘의 교육. 1999. 12. 16-23. 기사. 국민일보사.

이기동(1996). 유교와 인격교육. 종교교육학 연구, 2, 27. 한국종교교육학회.

이돈희(1998). 교육 50년사. 서울: (주)청운인쇄.

이동진 역(2002). 예루살렘. 서울: 그린비.

이득기, 이충원, 안세근(1996). 비교교육학. 서울: 문음사.

이득기(1997). "비교교육의 연구방법 탐구와 적용연구: 국제비교", 비교교육연구, 7(1), 79. 비교교육학회.

이만희 외(2003). 군인적자원의 개발과 학점은행제의 연계체제 구축방안 연구. 한국교육개발원.

이상근 역(1985). 탈무드 교육. 서울: 도서출판 임마누엘.

21세기위원회(1992). 2020년의 한국과 세계. 서울: 동아일보사.

이용길(1983). 히브리민족의 종교교육이 근대 이스라엘 교육에 미친 영향에 관한 연구. 중앙대학교 사회개발대학원 석사학위논문.

이윤미(2002). 한국과 프랑스의 중등교육평등화 정책비교를 위한 기초연구(OR2002-3). 한국교육개발원.

이종각(2003). 외국에는 어떤 교육열 현상이
　　　　나타나는가?(RM2003-54). 한국교육개발원.

_____(2004). 교육사회학 총론. 서울: 동문사.

이종만(1984). 경제성장에 따른 각국의 의무교육제도 유형에 관한 비
　　　　교연구. 경북대학교 석사학위논문.

이종성 외(1998). 교육체제 개편에 따른 고등학교 직업교육 방향 설정
　　　　에 관한 연구. 한국직업능력개발원.

이종승(2002). 교육과정・교육평가국제비교연구(RRC2002-2). 한국교육
　　　　과정평가원.

이종재(2003). 일본 교육행정제도의 현황과 개혁(TR2003-4). 한국교육
　　　　개발원.

_____. 유럽의 교육현황과 개혁(TR2003-5). 한국교육개발원.

_____. 미주의 교육현황과 주요 개혁(TR2003-6). 한국교육개발원.

이현재(2002). 순자사상에서의 합리주의와 경제사상. 학술원논문집. 41,
　　　　197-214. 대한민국학술원.

이현청(2001). 미국교육의 반성. 서울: 원미사.

이홍우(2004). 교육의 근본: 그 말살과 회복. 학교교육 50년 반성과 전
　　　　망. 한국교원대학교.

이희수, 이원삼 외(2001). 이슬람. 서울: 청아출판사.

이희영(2001). 탈무드 황금률. 서울: 동서문화사.

_____(2004). 솔로몬 탈무드. 서울: 동서문화사.

임무영(1989). 다산의 실학적 교육이론 연구. 건국대학교 석사학위논문.

임선희 외(2002). 신교육사회학. 서울: 학지사.

장명희, 강경종, 김종우, 박윤희(1999). 실업계 고교와 전문대학의 연계

교육을 위한 운영 체제 및 교육과정 모형개발. 한국직업능력개발원.

재정경제부(2002). **경제백서 1962-2002.** 서울: 삼미문화사.

재정경제부·한국개발연구원(1999). **새 천년의 패러다임: 지식기반경제 발전전략.** 한국교육개발원.

전득주(1991). **자유민주주의와 사회주의 비교.** 서울: 행림출판.

정기오(2002). **우리나라 인적자원개발의 현실과 개선방향.** 교육인적자원 개발과정 2기. 국가전문행정연수원.

정낙찬(1998). 이황의 교육사상. **교육학대백과사전.** 서울: 하우동설.

정영수 외(1986). **한국 교육정책의 이념(Ⅱ)**(RR 86-33). 한국교육개발원.

정정길(1991). **정책학 원론.** 서울: 대명출판사.

정철영 외(2000). **각국의 고등학교단계 직업교육 수준 및 교육환경 비교연구.** 교육인적자원부.

_____(2004). 서울시 지역 간 교육격차 실태와 해소방안. KEDI Position Paper 제1권 제7호. 한국교육개발원.

정충호(2003). 이스라엘 영재교육. **영재교육담당교원 국외연수보고서.** 대전광역시교육청.

정태범(1999). **교육정책 분석론.** 서울: 원미사.

정태화(1999). 통합형 고등학교 도입방안. **실업계 고등학교 종합대책 대 토론회.** 한국직업능력개발원.

조긍호(2003). **한국인 이해의 개념 틀.** 서울: 나남출판사.

조동성(2002). National Competitiveness Report. 산업정책연구원.

조석희(2003). 특수목적 고등학교 및 영재학교의 운영실태 및 진단. **특수목적형 고등학교 운영실태 및 진단에 관한 세미나**

(RM2003-9). 한국교육개발원.

주삼환(역)(1986). **비교교육학입문.** 서울: 성원사.

주삼환 외(2003). **교육행정 및 교육경영.** 서울: 학지사.

주영흠(1989). 인간이해와 교육이념. **교육문제연구,** 제2집, 65-89. 고려
　　대학교교육문제연구소.

주영흠, 박진규, 오만록 공저(2002). **신세대를 위한 교육학개론.** 서울:
　　학지사

천세영(2001). 교육제도 변화에 관련된 담론의 구조와 전망. **교육연구,**
　　12, 81. 공주대학교 교육연구소.

최경남(2001). **퇴계의 교육이념 연구.** 한국교원대학교 석사학위청구논문.

최돈민(2002). **인적자원개발 정책의 국제비교 분석.** 한국교육개발원.

최상근(2003). **사교육비실태조사 및 경감대책 연구.** 교육인적자원부.

최석태(1999). **한국교육 100년사.** 서울: 교육신문사.

최성해(2002). 가정교육과 국가발전. **국방품질관리,** 20, 10. 서울: 한컴
　　인쇄정보.

최운실(1988). **사학 국제비교 연구.** 한국교육개발원.

최은수(1995). **한국교육행정의 현안문제.** 서울: 양서원.

최정웅 외(1996). **비교교육발전론.** 서울: 교육과학사.

피정만(1998). 관학의 기원과 발달. **교육학대백과사전.** 서울: 하우동설.

하인호(1982). **교육정책과 행정.** 서울: 문우사.

한기언 역(1991). **현대 아시아의 교육.** 서울: 교학연구사.

허강 외(2000, 2001). **한국편수사 연구 Ⅰ·Ⅱ.** 한국 교과서 연구재단.

허병기(1998). 교육정책. **교육학대백과사전.** 서울: 하우동설.

현용수(2004). 유대인 3차원 영재교육의 비밀. **신동아** 8월호, 280. 서

울: 동아일보사.

홍후조(2004). **교육시론**. 서울: 한국교육신문.

Ayalon, Hanna & Yogev, Abraham(1996). The Alternative World view of State Religious High School in Israel. Comparative Education Review Vol.40, No.1. Chicago: Chicago University Press.

Bereday, G. Z. F.(1964). Comparative Method in Education. New York: Holt, Rinehart & Winston.

CBS(1995). Projections of Israel Population until 2020. Jerusalem: The State of Israel.

Cohen, Elie(2000). Globalization & Cultural Diversity; World Culture Report 2000. Paris: UNESCO.

Fiske, Edward B.(1997). Adult Education in a Polarizing World. Paris: UNESCO.

Hallak, Jacques(1999). Globalization, Human Rights & Education. Paris: UNESCO(IIEP).

Hertz-Lazarowitz, Rachel(2002). Cooperative learning in Israel's jewish & Arab schools; a community approach. Dublin OH. OCLC.

IMD(2001). World Competitiveness Yearbook. Lausanne: IMD.

____(2002). World Competitiveness Yearbook. Lausanne: IMD.

____(2004). World Competitiveness Yearbook. Lausanne: IMD.

Iram, Yaacov & Schmida, Mirjam(1998). The Educational System Of Israel. London: Greenwood Press.

Israeli Ministry of Finance(2001). Economic Forecast 2001-2002. Jerusalem.

Israeli Ministry of Finance(2001). National Budget for 2002-2005. Jerusalem.

Kirmayer, Paul & Michaelson, Serena T.(2001). Adult Education in Israel Ⅵ. Jerusalem: The Ministry of Education, Culture & Sport.

Mioduser, David & Nachmias, Rafi(2001). Computer Trustees: Heading Towards the Community Bar-Lev School, Kfar Saba Israel. Jerusalem: Tel Aviv University.

Neuman, S. & Ziderman, A.(1991). Vocational schooling occupational matching & labor market earnings in Israel. Journal of Human Resources, Vol.26, 256-281.

Nevo, David(2000). School Evaluation: Internal or External. 학교평가 효과성에 관한 국제 세미나. 한국교육개발원.

OECD(2002). Purchasing Power Parities 1999 Benchmark Results. Paris: OECD.

_____. OECD Investment Policy Reviews: Israel Overview. Paris: OECD.

Peled, Elad(1983). Israeli Education. Comparative Educational Systems. Illinois: F. E. Peacock Publishers.

Postlethwaite, T. Neville Edited(1995). International Encyclopedia of National Systems of Education. Cambridge: Cambridge University Press.

Rogoff, Mike(2002). Our Languages-Our Selves. Shalom Magazine, No.1.

Schultz, T. W.(1961). Investment in Human Capital. American Economic Review, 51(1).

Shmueli, E.(1995). International Encyclopedia of National Systems of Education. Cambridge: Cambridge University Press.

Sprinzak, Dalia et al.(1994). Facts & Figures about Education & Culture in Israel. Jerusalem: The Ministry of Education, Culture & Sport.

Sprinzak, Dalia et al.(1996). The Development of Education. Jerusalem: National report of Israel: The Ministry of Education, Culture & Sport.

The Ministry of Education & Culture(1985). Technological education in Israel toward the year 2000(Tamir Report). Hulon: Center for Technological education.

The Ministry of Education & Culture (1987). Format of matriculation examination. Jerusalem.

The Ministry of Education, Culture & Sport(1992). "Tomorrow 98" -Report of the supreme committee for scientific & technological education. Jerusalem, Harari Report.

UNESCO(1996). Asia-Pacific Programme of education for All. Bangkok: APPEAL.

UNESCO(1999). Statistical Yearbook. Paris: UNESCO.

UNESCO(2001). EFA Planning Guide: Southeast & East Asia: Follow-up to the World. Bangkok: UNESCO.

UNESCO(2001). World Education Forum: Education in Crisis-The Impact & Lessons of the East Asian Financial Shock 1997~99.

　　　　Paris : UNESCO.

UNESCO(2002). Education Forum Darkar. Bangkok : UNESCO.

Walton, John(1969). Administration & Policy-making in Education,
　　　　Revised Edition. Baltimore : The Johns Hopkins Press.

West, A. et al.(1997) Exploring the impact of reform on school-
　　　　enrollment policies in England ; Educational administration
　　　　quarterly. 33(2).

Yogev, Abraham(1996). Enhancing the role of Teachers in a Changing
　　　　World. Jerusalem : The Ministry of Education, Culture & Sport.

http://www.cbs.gov.il

http://www.cms.education.gov.il

http://www.confucius.or.kr

http://ecos.bok.or.kr

http://www.israelemb.or.kr

http://www.israelstudy.co.kr

http://www.kcm.co.kr

http://www.mfa.gov.il

http://www.nso.kr

· 저자 ·

김택균　　　· 약　력 ·
(金澤均)　　충북대학교 교육대학원 교육학석사(교육행정 전공)
　　　　　　충남대학교 대학원 교육학박사(교육행정 및 사회학전공)
　　　　　　한국교육개발원 학교평가단 참여
　　　　　　한국교육과정평가원 대입수능검토위원 참여
　　　　　　현재 남대전고등학교장 재직
　　　　　　　충남대학교 겸임교수
　　　　　　　한남대학교 교육대학원 강사

한국과 이스라엘의 교육정책 비교 연구

· 초판 인쇄	2006년 12월 30일
· 초판 발행	2006년 12월 30일
· 지 은 이	김택균
· 펴 낸 이	채종준
· 펴 낸 곳	한국학술정보(주)
	경기도 파주시 교하읍 문발리 526-2
	파주출판문화정보산업단지
	전화　031) 908-3181(대표)·팩스　031) 908-3189
	홈페이지　http://www.kstudy.com
	e-mail(출판사업부)　publish@kstudy.com
· 등　　록	제일산-115호(2000. 6. 19)
· 가　　격	24,000원

ISBN　89-534-6128-6 93370 (Paper Book)
　　　　89-534-6129-4 98370 (e-Book)